Postletale Landwirtschaft

Stefan Mann

Postletale Landwirtschaft

Zur anstehenden Reform unseres Agrarsystems

Stefan Mann
Socioeconomics
Agroscope
Ettenhausen, Schweiz

ISBN 978-3-658-37966-7   ISBN 978-3-658-37967-4 (eBook)
https://doi.org/10.1007/978-3-658-37967-4

Die Deutsche Nationalbibliothek verzeichnet diese Publikation in der Deutschen Nationalbibliografie; detaillierte bibliografische Daten sind im Internet über http://dnb.d-nb.de abrufbar.

Springer VS

Lektorat/Planung: Frank Schindler
Springer VS ist ein Imprint der eingetragenen Gesellschaft Springer Fachmedien Wiesbaden GmbH und ist ein Teil von Springer Nature.
Die Anschrift der Gesellschaft ist: Abraham-Lincoln-Str. 46, 65189 Wiesbaden, Germany

Inhaltsverzeichnis

1

Persönliche Einleitung

Dieses Buch ist eine Absurdität, die durch mehrere Zufälle auf meinem persönlichen Weg entstanden ist.

Der erste Zufall war mein Studium der Agrarwissenschaften. Weder hatte ich als Kind eine Vorliebe für Traktoren, noch wollte ich als Jugendlicher die Welt auf Biolandbau umstellen. Ich erinnere mich, wie ich – wohl recht typisch für Göttinger Akademikerkinder – als Schüler aus Langeweile im zuhause liegenden Vorlesungsverzeichnis der örtlichen Universität herumblätterte. Da die Fakultäten alphabetisch geordnet waren, stiess ich als erstes auf die Fakultät für Agrarwissenschaften; und mein Erstaunen war gross. Natürlich wusste ich, dass Bauern die Lebensmittel produzierten, die ich aß. Aber musste man daraus gleich eine wissenschaftliche Disziplin machen?

Dass ich überhaupt jemals einen Bauernhof von innen sah, kam dann durch meinen Islandtraum. Es gibt in Mitteleuropa eine Gruppe von Menschen, für die Island der Inbegriff für Ursprünglichkeit und Unberührtheit ist, und zu dieser Gruppe gehörte ich als Jugendlicher. Und so

S. Mann, *Postletale Landwirtschaft*, https://doi.org/10.1007/978-3-658-37967-4_1

bewarb ich mich, als sich meine Schullaufbahn dem Ende näherte, bei isländischen Fischfabriken, isländischen Krankenhäusern und eben auch isländischen Bauernhöfen. Nur Letzteres hatte Erfolg, und so durfte ich neun Monate lang in Islands Süden Kühe melken und Schweine füttern. Übrigens unter Bedingungen, die europäischen Tierschutzstandards heute in keinster Weise mehr gerecht werden würden. Im Schweinestall gab es kein Fenster, und so verbrachten die Tiere nicht nur die Nacht, sondern auch den allergrössten Teil des Tages in tiefschwarzer Dunkelheit. Ich nahm das damals hin, ohne weiter darüber nachzudenken.

Auch diese Zeit, in der ich das erste Mal in meinem Leben körperlich arbeitete, reichte noch nicht aus, um mich der Landwirtschaft als Berufsfeld zuzuwenden. Dazu brauchte es noch einen zweiten aussergewöhnlichen Wunsch: nach einem Studium in der damaligen DDR. Sehr viel mehr als für Mähdrescher oder Rinderrassen interessierte ich mich als Jugendlicher für politisch-ökonomische Systeme und bewarb mich daher von Island aus um ein Studium der Ökonomie an der Karl-Marx-Universität in Leipzig. Ich habe den damaligen Entscheidungsträgern dankbar dafür zu sein, dass sie mir diesen Wunsch nicht gewährten, sondern mir, dem Landarbeiter aus Island, ein Agrarstudium in Halle anboten. Die Aussicht, in der DDR studieren zu dürfen, war es mir sogar wert, etwas so Abwegiges wie ein Studium der Landwirtschaft in Angriff zu nehmen.

Ich habe mich im Studium und danach immer vor allem mit der sozioökonomischen Seite der Landwirtschaft auseinandergesetzt. Die Beschäftigung mit Milch und Getreide hat mein ursprünglich recht wolkiges Interesse an Wirtschaftssystemen dabei deutlich geerdet. Bald war ich recht zufrieden damit, dass das empirische Feld meiner Forschungsarbeiten immer den Anwendungsfall unseres Ernährungssystems brauchte. Und beneidete die „echten"

Ökonomen, deren Forschungsergebnisse mir oft praxisfern anmuteten, immer seltener.

Ein weiterer wichtiger Zufall, der für dieses Buch verantwortlich ist, war, dass ich auf das Quäkertum stiess. An das Diplomstudium in Halle hatte ich ein Masterstudium in Newcastle upon Tyne angeschlossen und wohnte dort neben einem Quaker Meeting House. Ich war zunächst nur ein wenig neugierig auf meine Nachbarn, merkte aber bald, dass mir die weitestgehend schweigenden Andachten dort guttaten. Ebenso wie die sehr weltoffenen, freundlichen und undogmatischen Gemeindemitglieder. Zurück in Deutschland wurde ich bald eines der nur etwa 260 Mitglieder der Religiösen Gesellschaft der Freunde, wie die Quäker in Deutschland offiziell heißen.

Die Quäkergemeinschaft hält sich zugute, bei historischen Auseinandersetzungen oft die Position eingenommen zu haben, die im historischen Rückblick „richtig" wirkt. Besonders gerne betont sie dies, wenn es um die Abschaffung der Sklaverei geht. Und so lernte ich in den Jahrzehnten meiner Mitgliedschaft bei den Quäkern Einiges über den langen und mühsamen Weg der Abschaffung der Sklaverei, auf dem einige Quäker wie John Woolman eine prominente Rolle einnahmen.

Eine mich faszinierende Feststellung: Es gibt einen Konsens in der Gesellschaft, der so umfassend ist, dass er nicht einmal ausgesprochen werden muss. Über Jahrtausende war das sowohl, dass Sklavenhaltung zur menschlichen Gesellschaft dazugehört, wie dass der Konsum tierischer Produkte ebenso mit dazugehört. Der erstgenannte Konsens begann vor etwas über 300 Jahren zu bröckeln. Es entbrannte ein ernsthafter Meinungsstreit, der leider teilweise auch mit Waffen ausgetragen wurde. Bis der alte Konsens einem neuen wich. Und heute zumindest in unseren Breiten klar ist: Es ist unethisch, wenn sich Menschen andere Menschen zu Sklaven machen.

Einige Jahrzehnte Forschung in Fragen der Nachhaltigkeit von Agrarsystemen, der Gestaltung von Agrarpolitik und der Konsummuster in der menschlichen Ernährung haben mich zu der These geführt, dass es nur eine Frage der Zeit ist, bis sich ein ebenso fester gesellschaftlicher Konsens herausbildet, dass es unethisch ist, wenn Menschen Tiere töten, um sie zu essen. So eine Landwirtschaft, in der nicht mehr standardmässig getötet wird, wäre ja ein gänzlich neues Agrarsystem. Landwirtschaft, die nicht mehr für viele Individuen täglich zum Tode führt, wäre also nicht mehr letal. Postletale Landwirtschaft eben.

Bevor nun die Seiten folgen, auf denen ich diese These entwickeln und rechtfertigen kann, zuerst noch zur Absurdität dieses Buches: ich bin passionierter Fleischliebhaber! Ein Steak auf dem Teller vor mir ist eine der sichersten Methoden, um meine Laune zu heben. Aber auch diese starke persönliche Präferenz kann mich nicht davon abhalten, all das wahrzunehmen, was ich in den folgenden Kapiteln beschreiben werde.

Vielleicht ein Vorteil dieses Spannungsfeldes ist, dass ich keinen Leser überzeugen will, auf vegane Ernährung umzusteigen. Also nicht veganes Wasser predigen, während ich mich am Tierblut erfreue. Der strukturelle Umbruch, der vor uns steht, findet meines Erachtens auch statt, wenn die fleischessenden Leser dieses Buches an ihrem Fleischkonsum festhalten. Während ich insgeheim hoffe, dass ich durch das Schreiben dieses Buches zu einer veganen Lebensform finde. Schauen wir mal.

2

Die Sache mit der Sklaverei und die mit dem Fleisch

In diesem Buch wird die These aufgestellt, dass ein jahrtausendealter Konsens unserer menschlichen Gesellschaft gerade im Begriff ist zu kippen. Dieser Konsens besagte und besagt: Die Landwirtschaft besteht aus der Produktion von Pflanzen und der Nutzung von Tieren als Quelle für Fleisch, Milch und Eier. Wenn jemand damit nicht einverstanden ist, wird es toleriert, wenn er persönliche Rückschlüsse daraus für seine Ernährung zieht, aber die Nutzung landwirtschaftlicher Tiere ist bestenfalls ein ökonomisches Thema. Man kann sich also mit der Profitabilität der Tierproduktion beschäftigen. Es ist aber kein politisches Thema in dem Sinne, dass es gesellschaftlich zur Disposition steht, ob wir Tiere kommerziell nutzen wollen.

Dieses Buch prognostiziert also, dass der beschriebene Konsens einem immer spürbareren politisch-gesellschaftlichen Dissens weichen wird, der dann irgendwann wieder durch den Konsens abgelöst wird, dass die Tötung landwirtschaftlicher Tiere für unsere Ernährung inakzeptabel

© Der/die Autor(en), exklusiv lizenziert an Springer Fachmedien Wiesbaden GmbH, ein Teil von Springer Nature 2022
S. Mann, *Postletale Landwirtschaft*,
https://doi.org/10.1007/978-3-658-37967-4_2

5

ist. Was neben der weiter unten ausführlich beantworteten Frage, was es für Anzeichen hierfür gibt, auch die Frage aufwirft, ob es in der Menschheitsgeschichte Präzedenzfälle für ein solches Kippen eines gesellschaftlichen Konsenses gibt.

In der westlichen Welt könnte man den Eindruck gewinnen, bei der Homosexualität sei dies der Fall. Noch vor wenigen Jahrzehnten wurde sie zum Teil strafrechtlich, zum Teil informell verfolgt, während sich heute ein Grossteil der Homosexuellen im deutschsprachigen Bereich offen zu erkennen geben kann, ohne grosse Nachteile befürchten zu müssen. Es ist aber deutlich komplexer. Einerseits wurde homosexuelle Veranlagungen und Praktiken etwa in Japan bereits über viele Jahrhunderte als gleichberechtigt akzeptiert, andererseits gibt es auch heute noch Staaten, in denen homosexuelle Praktiken mit der Todesstrafe geahndet werden können. Die Bewegung des gesellschaftlichen Konsenses beschränkte sich in diesem Fall also auf die westliche Welt. Ausserdem hat hier die Veränderung in die Richtung höherer Akzeptanz stattgefunden. Um aber die antizipierte Entwicklung weg von der Tierproduktion in einen glaubwürdigen historischen Kontext stellen zu können, bräuchte es ja eine Entwicklung hin zu weniger Toleranz.

Irgendwann begann ich mich zu fragen, ob die Sklavenhaltung nicht ein besseres Beispiel sein könnte. Spätestens seit der Antike hatte die Sklavenhaltung einen festen Platz in der Menschheitsgeschichte gehabt, ebenso wie ihn der Fleischkonsum bis heute hat. Und dann war Grossbritannien 1806 das erste Land, das den Sklavenhandel verbot. Woraufhin die Sklavenhaltung in einem Land nach dem anderen gesetzlich untersagt wurde. Mauretanien war 1981 das letzte.

Meine Begeisterung, hier ein historisches Beispiel gefunden zu haben, das als Vorbild für die Abschaffung der Tierproduktion wertvolle Anhaltspunkte liefern könnte, erhielt einen leichten Dämpfer, als ich einem veganen Bekannten von diesem Plan erzählte. Und er mir antwortete: „Darüber habe ich neulich einen Gesprächsabend veranstaltet." Und tatsächlich hätte eine einfache Google-Recherche ausgereicht, um zu bemerken, dass ich bei weitem nicht der erste war, der diesen Zusammenhang zwischen Sklavenhaltung und Tierhaltung herstellte.

Marjorie Spiegel, eine Soziologin aus dem amerikanischen New Jersey, war schon näher daran, die erste zu sein. In ihrem 1988 erschienenen Buch „The dreaded comparison – human and animal slavery" beschreibt sie Parallelen zwischen der Sklaven- und Tierhaltung auf zwei Ebenen: einerseits stellt sie die zahlreichen phänomenologischen Parallelen von den Langstreckentransporten bis hin zu den Geheimhaltungsbestrebungen der jeweiligen Halter dar. Andererseits beschreibt sie aber auch die konzeptionellen Parallelen zwischen den ideologischen Rechtfertigungen der Sklaven- und der Tierhaltung. Gerade dieser letzte Aspekt wird im folgenden Kapitel aufgegriffen und weiterentwickelt.

In der veganen Bewegung ist die Parallele zwischen menschlicher Sklaverei und Tierproduktion fast omnipräsent. Dies kristallisiert sich am deutlichsten am Philosophen Gary Francione heraus, der, ebenfalls von New Jersey aus, mehr als ein Dutzend Bücher geschrieben hat, die zwar primär Fragen des Umgangs mit Tieren behandeln, aber auch immer wieder auf die Erfahrung der „abolition", des Ausstiegs aus der Sklavenhaltung, zurückgreifen.

Doch weder er, noch Marjorie Spiegel oder andere Tierrechtler, die den Vergleich zwischen Sklavenhaltung und Tierproduktion bemühen, können eine plausible Begründung dafür liefern, warum die tatsächliche Entwicklung bei der Sklavenhaltung und der Tierproduktion in so fundamental unterschiedliche Richtungen gehen. Die

Sklavenhaltung wurde ja nicht nur flächendeckend abgeschafft; es gibt heute auch in keiner globalen Region eine ernstzunehmende Debatte darüber, ob Sklaverei nicht vielleicht wiedereingeführt werden sollte. Rund um den Globus scheint man heute sehr zufrieden mit der Tatsache, dass Menschen nicht mehr von anderen Menschen versklavt werden können, zumindest nicht mehr in einem gesetzlich vorgegebenen Rahmen.

In der Tierproduktion ist es eher umgekehrt. Trotz eines wachsenden Anteils von Vegetariern und Veganern führen das Bevölkerungswachstum einerseits und der wachsende Wohlstand andererseits zu einem stark wachsenden globalen Fleischkonsum, wie Abb. 2.1 illustriert. Es gibt kein Parlament, das eine Abschaffung der Tierproduktion auch nur auf die Tagesordnung gesetzt hat. Es muss also nicht nur Parallelen, sondern vor allem auch fundamentale Unterschiede zwischen den beiden Institutionen geben.

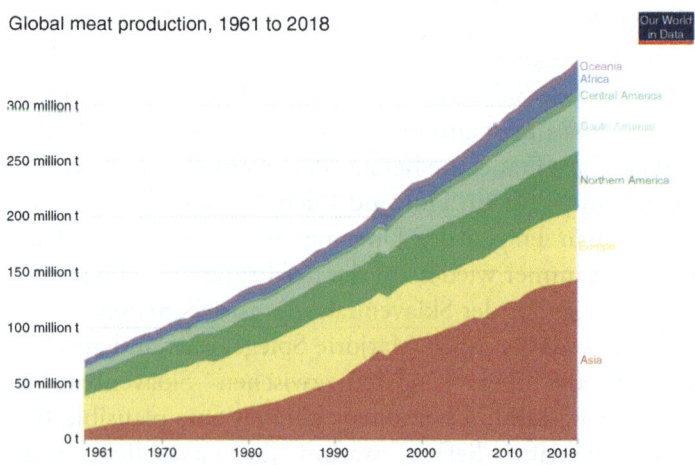

Abb. 2.1 Globale Fleischproduktion. (Quelle: www.ourworldin-data.org)

Einer der Unterschiede ist, dass die Sklavenhaltung kaum nennenswerte ökologische Implikationen hatte. Während die Reduktion der Tierhaltung eigentlich die einzige systemische Strategie ist, um den ökologischen Fussabdruck nennenswert zu verringern. Diese Behauptung wird zunächst zu belegen sein, bevor es dann zu den ethischen Grundlagen der Tierproduktion geht. Nachdem über die philosophische Diskussion ein gewisser Überblick gegeben werden konnte, und diese in den agronomischen Kontext gestellt wurde, ist dann der Zeitpunkt, den Zusammenhang zwischen Sklavenhaltung und Tierproduktion zu vertiefen.

Diese Vertiefung wird zum Schluss gelangen, dass die Nachfrageseite der Schlüssel zum Einstieg in die postletale Landwirtschaft ist. Die Struktur der Nachfrage nach tierischen Produkten im Allgemeinen und Fleisch im Besonderen nimmt in diesem Buch daher grossen Raum ein, und zwar auf individueller Ebene wie auf der Stufe des gesellschaftlichen Konsenses. Bevor am Ende des Buches ein Ausblick auf die Herausforderungen der neuen Produktionssysteme gegeben wird und ein paar Gedanken darüber geteilt werden, wie wir in unseren unterschiedlichen Rollen dazu beitragen können, dass postletale Landwirtschaft eher früher als später Realität wird.

3

Warum die postletale Transformation alternativlos ist

Unter Ernährungswissenschaftlern besteht ein breiter Konsens darüber, dass unsere Gesellschaft bei geringerem Fleischkonsum gesünder wäre. Die meisten häufigen Krankheiten, von Darmkrebs bis zu Brustkrebs, von Schlaganfällen bis zu Typ-2-Diabetes, korrelieren klar mit der Menge an Fleisch, die von den Konsumenten gegessen wird. Doch deswegen wird sich wahrscheinlich nicht viel ändern. So, wie auch Zuckerrohr und Zuckerrüben weiter angebaut werden, auch wenn weniger Zucker in der Ernährung ebenfalls zu einer gesünderen Bevölkerung führen würde. Die Entscheidung zwischen Gesundheit und Genuss fällt oft zugunsten des Genusses aus. Und es spricht nicht viel dafür, dass dies bald fundamental anders ist.

Unser Ökosystem ist ein stärkerer Grund für die Transformation hin zu einer postletalen Landwirtschaft. Der stärkste sind aber die ethischen Grundlagen unserer Gesellschaft. Diese beiden Themen sind daher näher zu beleuchten.

© Der/die Autor(en), exklusiv lizenziert an Springer Fachmedien Wiesbaden GmbH, ein Teil von Springer Nature 2022
S. Mann, *Postletale Landwirtschaft*,
https://doi.org/10.1007/978-3-658-37967-4_3

3.1   Landwirtschaft und Ökologie

Seit etwa zehntausend Jahren ist die Landwirtschaft die wichtigste Quelle unserer Nahrungsmittel. Das Nachdenken über die ökologische Verträglichkeit der damit verbundenen Produktionsprozesse ist sehr viel jünger. Selbst wenn wir Rudolf Steiners 1924 erschienenen „Landwirtschaftlichen Kurs" als Ausgangspunkt dieses Nachdenkens gelten lassen, auch wenn der Begriff der Ökologie in diesem Werk noch nicht vorkommt, sprechen wir von maximal 100 Jahren, in denen die Umweltverträglichkeit der Landwirtschaft problematisiert wird. Häufiger wird Rachel Carsons Buch „Der stumme Frühling" aus dem Jahr 1962 als Ausgangspunkt der Umweltbewegung erwähnt. In dem sie die massiven Schäden beschreibt, die durch die steigende Anwendung von Pflanzenschutzmitteln auf die Vogelwelt, aber auch auf die menschliche Gesundheit ausgeübt werden.

In diesem wichtigen Geist ist der agrarökologische Diskurs seitdem geführt worden. Der Begriff der Pflanzenschutzmittel ist ja ein gut gelungener Euphemismus, der den hässlicheren Begriff der Pestizide erspart. Aber egal, ob es sich um Fungizide, Herbizide, oder Insektizide handelt: Ziel ist auch hier immer das Töten, wahlweise von Pilzen, Pflanzen oder Insekten. Streng genommen ist eine Landwirtschaft mit Einsatz von Pflanzenschutzmitteln also noch keine postletale Landwirtschaft. Jedenfalls haben diese Substanzen selten eine ganz isolierte Wirkung auf die Zielorganismen. Seit das besonders schädliche DDT 1968 zuerst in Ungarn verboten wurde, führte die agrarökologische Bewegung, die zunehmend auch den Weg in staatliche Institutionen fand, zu immer mehr Verboten von immer mehr Substanzen. Viele konventionelle Landwirte sprechen heute schon davon, es seien so viele Mittel verboten, dass der Unterschied zwischen konventioneller und biologischer Produktion mittlerweile nur noch marginal sei.

Im Bereich der Düngung, insbesondere der Stickstoffdüngung, entstanden ähnlich gelagerte Probleme. Über Jahrtausende bewegte sich die Nährstoffversorgung im Gleichgewicht. Denn es konnten nur so viele Tiere gehalten werden, wie der Boden ernährte, sodass auch nur entsprechend viel Stickstoff aus (tierischem und menschlichem) Kot und Harn auf die Felder zurückgebracht werden konnten. Durch die Synthetisierung von Stickstoffdünger aus der Luft, die Anfang des 20. Jahrhunderts entwickelt wurde, wurden die Spielregeln geändert. Plötzlich konnten quasi beliebig viele Pflanzennährstoffe auf die Acker- und Wiesenböden ausgebracht werden. Das führte zu Problemen, indem der überschüssige Stickstoff, der von den Pflanzen nicht mehr aufgenommen werden konnte, als giftiges Nitrat ins Grundwasser gelangte. Oder auch als Ammoniak, das zur Versauerung der Böden und zu Geruchsbelästigungen führt.

Mit dem Biolandbau, dem biologisch-dynamischen, den Rudolf Steiner entwickelt hatte, aber auch dem biologisch-organischen, der sich stärker an der traditionellen Naturwissenschaft orientierte, entwickelten sich Gegenmodelle. Mit dem vollständigen Verzicht auf mineralische Düngemittel und synthetische Pflanzenschutzmittel konnten viele Probleme vermieden werden. Der einzige Nachteil des Biolandbaus waren und sind die niedrigeren Erträge, die sowohl dem Verzicht auf mineralischen Dünger als auch höheren Verlusten durch den Verzicht auf synthetische Pflanzenschutzmittel geschuldet ist. Es ist umstritten, wie hoch die tatsächlichen Ertragseinbussen durch diese Restriktionen sind. Auf der Basis vorhandener wissenschaftlichen Literatur zu diesem Thema spricht Wikipedia von

Mindererträgen von 20 Prozent, die zu einem 80 Prozent höheren Flächenbedarf führen.

Diese Zahlen liefern einen ersten Anlass, um sich mit der Wirkung der Tierproduktion im Agrarsystem auseinanderzusetzen. Denn die Intuition würde natürlich nahelegen, dass bei einem Minderertrag von 20 Prozent auch 20, nicht 80, Prozent mehr Fläche aufgewendet werde muss, um zur gleichen Menge an Nahrungsmitteln zu gelangen. Dass dies nicht so ist, kann man sich an einem Beispielbetrieb klarmachen, der neben seinem Rinderbestand 100 Hektar Fläche hat, von denen 50 gebraucht werden, um das Futter für die Rinder zu produzieren. Stellt dieser Betrieb auf Bio um, beeinträchtigt das den Appetit der Rinder ja nicht, und so werden bei 20 % Ertragsrückgang 60 statt 50 Hektar für die Futterbereitstellung benötigt. Die verbleibenden 40 Hektar haben einen ebenfalls um 20 % niedrigeren Ertrag, was sich auf eine um 36 % niedrigere pflanzliche Produktion für die menschliche Ernährung multipliziert. Dass diese Zahl noch weniger einschneidend ist als im zitierten Wikipedia-Beitrag, liegt daran, dass global nicht die Hälfte, sondern über drei Viertel der landwirtschaftlichen Fläche für Tierfutter benötigt wird.

Aber zurück zur Geschichte der Agrarökologie. Über 90 Prozent der Landwirte sehen nicht ein, warum sie den Schutz vor Unkräutern und Pflanzenkrankheiten durch die chemische Industrie sowie die deutlichen Ertragssteigerungen durch Mineraldünger ungenutzt lassen sollen. Für sie ist biologische Landwirtschaft ebenso wenig eine Lösung wie für einen Grossteil der Konsumenten, die oft ungerne den Preisaufschlag für Bio-Lebensmittel zahlen. Insofern war und ist eine Umstellung auf Biolandbau aus heutiger Sicht wahrscheinlich keine flächendeckende Antwort auf die ökologischen Probleme der Landwirtschaft. Das jedenfalls legen auch die Erfahrungen aus Sri Lanka nahe: Die Regierung beschloss auf den Frühling 2021 eine flächendeckende Umstellung auf biologischen Landbau. Nur sieben Monate später musste die Regierung aufgrund von Engpässen in der Nahrungsversorgung zurückrudern, synthetische Pflanzenschutzmittel sowie mineralische Düngemittel wieder zulassen und den Landwirten Entschädigungen für ihre Ernteausfälle zahlen.

Am ökologischen Problemdruck ändert das nichts: Da die Landwirtschaft eine wichtige Grösse beim Kampf für den Erhalt der Artenvielfalt, gegen den Klimawandel und um viele andere ökologische Parameter ist, mussten die politischen Entscheidungsträger in der Agrarpolitik die unübersehbaren Probleme angehen, zumindest in Europa und Nordamerika, wo ein hoher technischer Entwicklungsstand und eine stellenweise dichte Besiedlung den Problemdruck fortlaufend erhöhten. Die Ausgangslage war dabei insofern vorteilhaft, da die Landwirtschaft in diesen Regionen bereits öffentliche Zuwendungen genoss. Seit etwa 1980 wird ein immer grösserer Teil der Unterstützung für den Agrarsektor gekoppelt an ökologische Leistungen, die im Regelfall zwischen einer gewinnmaximierenden Produktion und den Richtlinien des biologischen Landbaus liegen.

Und so hat sich ein breites Bouquet an den unterschiedlichsten Umweltprogrammen gebildet, über das – zumindest international – niemand mehr einen flächendeckenden Überblick hat. In Österreich beispielsweise wird der Verzicht auf synthetische Unkrautbekämpfungsmittel im Weinbau mit 250 Euro pro Hektar und Jahr gefördert. Schweizer Wiesen, die nicht gedüngt und frühestens am 15. Juni das erste Mal gemäht werden, erhalten je nach Region und vorhandener Artenvielfalt zwischen 450 und 1920 Franken pro Hektar und Jahr. Und in Niedersachsen – in Deutschland definiert jedes Bundesland eigene Massnahmen – werden einjährige Blühstreifen im Ackerbau mit

700 Euro pro Hektar und Jahr entschädigt. Drei Beispiele aus einem sicher dreistelligen Portfolio von Agrarumweltprogrammen allein im deutschsprachigen Raum.

Die meisten staatlichen Agrarumweltmassnahmen funktionieren also nach einem einheitlichen Muster: Das Intensitätsniveau wird gedrosselt, die Ernten und damit die Erträge sinken, meist nicht bis zum Bio-Niveau, aber immerhin in diese Richtung. Das Ganze wird durch Steuergelder kompensiert, denn die Gesellschaft erkauft sich durch die extensivere Produktion mehr Artenvielfalt und weniger Emissionen auf den jeweiligen Flächen. Dieses Muster wurde mittlerweile von Generationen von Agronomieprofessoren an Generationen von Agronomiestudenten gelehrt, die dann später teilweise in Ämtern neue Agrarumweltprogramme designten. Und es ist, auf die einzelne Parzelle bezogen, auch sicher nicht falsch.

Für mich geriet dieses Konzept ins Wanken, als wir uns bei meinem Arbeitgeber, der Schweizer Forschungsanstalt Agroscope, mit der Trinkwasserinitiative beschäftigten. Gesetzesinitiativen mit mindestens 100.000 Unterstützern werden in der Schweiz ja zur Abstimmung gestellt. Einer engagierten Frau, Franziska Herren, war dies für den Bereich der Agrarpolitik gelungen: sie schlug vor, dass die grosszügigen Direktzahlungen, die die Schweiz an ihre Landwirte auszahlt, nur noch den Betrieben gewährt werden, die strenge Umweltauflagen erfüllen, ihre Produktion also extensivieren. Kernpunkte war dabei der Verzicht auf synthetische Pflanzenschutzmittel. Innerhalb weniger Wochen waren 113.979 Unterschriften für diesen Vorschlag zusammengekommen.

In einem ersten Schritt modellierte meine Forschungsgruppe die ökonomischen Auswirkungen dieser Initiative. Dabei kam wenig Überraschendes heraus: Vor allem Gemüse- und Obstproduzenten würden aus dem Direktzahlungssystem aussteigen und weiter wie bisher produzieren. Die Mehrheit der Schweizer Landwirte aber würde ihre Produktion deutlich extensivieren.

Die Überraschung kam erst, als unsere Kollegen aus der Ökobilanzierungsgruppe übernahmen und die ökologischen Auswirkungen dieser Veränderungen modellierten. Wie wir sahen auch sie keinen Grund für die Annahme, dass sich das Konsumverhalten durch die Initiative verändert. Daher mussten sie annehmen, dass die Lebensmittel, die nun im Inland nicht mehr produziert werden, zusätzlich im Ausland produziert und in die Schweiz importiert werden. Bei gleichbleibender Nachfrage wird also die Extensivierung in der Schweiz durch eine Intensivierung im Ausland ausgeglichen. Und das, so die Modellrechnungen der Kollegen, hätte in der Summe eher nachteilige Konsequenzen für die meisten Umweltparameter – nicht primär wegen der zusätzlichen Transporte, sondern vor allem, weil in der Schweiz im internationalen Vergleich noch recht umwelteffizient produziert wird. Eine von hohen ökologischen Zielen motivierte Initiative hätte so in der Summe negative ökologische Auswirkungen. Diese schlechte Nachricht trug dazu bei, dass die Initiative an der Urne im Sommer 2021 mit 60,7 % Nein-Stimmen verworfen wurde.

Mir wurde allmählich klar: eine Extensivierung der Landwirtschaft bringt der Umwelt systemisch nichts, wenn sie durch eine Intensivierung andernorts aufgefangen werden muss. Leider erging es mir hier ähnlich wie bei Thema Sklaverei: nachdem mein Lernerfolg eingetreten war, merkte ich, dass es auch zu diesem Thema bereits eine breite internationale Debatte gab, und zwar unter dem Begriff „Land sparing versus land sharing".

Diese Debatte lenkt das Augenmerk auf die globale Ebene: entweder, wir produzieren auf einem kleinen Teil der zur Verfügung stehenden Fläche sehr intensiv; dann bleibt eine grössere Fläche als Reservat für Artenschutz bestehen, oder, wir extensivieren die landwirtschaftliche Fläche, was aber zu zusätzlichem Flächenbedarf führt. Wenn etwa der deutsche „Industrieverband Agrar" argumentiert, eine Umstellung der deutschen Agrarproduktion auf biologische Landwirtschaft würde die Abholzung des Regenwaldes beschleunigen, ist diese Argumentation zwar interessengeleitet, aber nicht grundlegend falsch.

Es gibt gute Argumente für „land sparing", es gibt auch solche für „land sharing". Weder die eine, noch die andere Strategie werden aber den ökologischen Druck, dem die Landwirtschaft durch die wachsende Bevölkerung und dem steigenden Wohlstand ausgesetzt ist, lösen können. Was aber nicht notwendigerweise bedeutet, dass es keine Lösung gibt.

An dieser Stelle hilft es, sich die Landwirtschaft als Maschine vorzustellen. In die man ja auf der einen Seite etwas hineingeben muss, damit auf der anderen Seite etwas herauskommt. Die Extensivierung, das grundlegende Paradigma der agrarökologischen Anstrengungen der letzten Jahrzehnte, sah die Lösung darin, vorne weniger in die Maschine hineinzustecken (z. B. die Reduktion von Dünger und Pflanzenschutzmittel), um hinten auch weniger zu erhalten. Dass diese Lösung der Agrarökologie global gesehen nicht viel hilft, kann an den vergleichenden Ökobilanzen von biologisch und konventionell erzeugten Lebensmitteln abgelesen werden. Pro Hektar schneiden die Bio-Produkte immer besser ab, pro Kilogramm Lebensmittel aber eben nicht. Mit anderen Worten: für die einzelne Parzelle ist es besser, wenn sie ökologisch statt konventionell bewirtschaftet wird. Und trotzdem ist der ökologische Fussabdruck des Bio-Hähnchens oder Radieschens nicht kleiner als der des konventionell erzeugten Pendants.

Interessanter, gerade auch aus ökologischen Gesichtspunkten, wäre daher, wenn man die Effizienz erhöhen könnte, mit der unsere imaginäre Maschine Boden, Saatgut und andere Inputs in Nahrung umwandelt. Hier ist in der letzten Zeit viel passiert. Die Menge an Nahrungsmitteln, die 1961 produziert wurde, könnte heute auf nur 30 Prozent der gleichen Fläche angebaut werden. Die „Maschine" Agrarproduktion ist in der Tat um Einiges effizienter geworden. Diese graduellen, aber stetigen Gewinne kommen aus drei verschiedenen Richtungen:

- Technischer Fortschritt kommt in den letzten Jahren verstärkt aus der Digitalisierung der Landwirtschaft. „Smart farming", bei der man die benötigten Mengen an Dünge- und Pflanzenschutzmitteln an die Bedürfnisse des einzelnen Standorts präzise anpasst, führt nach Expertenschätzungen zu Effizienzsteigerungen von 20–40 Prozent.
- Auch das Management der landwirtschaftlichen Produktion kann ihre Effizienz erhöhen. Passt man etwa die Futterrationen in der Schweinemast besser an die Wachstumsphasen der Tiere an („Phasenfütterung"), erhöht das die Produktionseffizienz um etwa sieben Prozent.
- Schliesslich ist der biologische Fortschritt in der Tier- und Pflanzenzüchtung eine entscheidende Grösse. Bessere Rinderrassen können zu 20 % weniger Futtereinsatz für die gleiche Mastleistung führen.

Die Wissenschaftlerin Tara Garnett aus Oxford äusserte bereits 2011 den Verdacht, dass solche graduellen Massnahmen zur Effizienzsteigerung der landwirtschaftlichen Produktion zwar wichtig seien, aber nicht ausreichend, um die ökologischen und ethischen Herausforderungen der Gegenwart zu bewältigen. Und an genau jener Stelle setzten auch

Forscher des Forschungsinstituts für biologischen Landbau im schweizerischen Frick in einer Studie an, die zum Ziel hatte, die Umstellung der globalen Landwirtschaft auf den Biolandbau zu erkunden.

Menschen, die ihr Arbeits- und Forscherleben dem biologischen Landbau widmen, stehen in der „land sparing versus land sharing" natürlich klar auf der „land sharing" Seite. Aber gleichzeitig finden es auch Wissenschaftler aus der Bio-Szene unattraktiv, wenn für die biologische Produktionsweise Wälder abgeholzt oder andere Biotope aufgegeben werden müssen. Und so suchten die Kollegen aus Frick statt gradueller Effizienzsteigerungen strukturelle Effizienzsteigerungen. Sie fanden zwei: die Reduktion von Food Waste und die Umstellung von tierischen zu pflanzlichen Kalorien in der menschlichen Ernährung.

Bevor wir endlich zum Thema der Tierhaltung kommen, zunächst zur Verschwendung von Lebensmitteln. Diese findet zwar weitgehend im Verborgenen statt, ist aber ein grosses Problem, da nach den meisten Schätzungen etwa 30 Prozent aller Lebensmittel nicht der menschlichen Ernährung zufliessen. Dass es aber kaum Aussicht auf Besserung gibt, hat vor allem zwei Gründe:

- Etwa die Hälfte der Nahrungsmittelverschwendung findet vor der Konsumentenstufe statt, und zwar vor allem, weil die Lebensmittel nicht die strengen Qualitätsanforderungen der Wertschöpfungskette erfüllt. Abhilfe lässt sich hier zum Teil durch den Einsatz zusätzlicher Pflanzenschutzmittel schaffen. Aber es liegt auf der Hand, dass das unerwünschte Nebenwirkungen hat.
- Weniger Nebenwirkungen hätte es, wenn der Konsument all das, was in seinem Einkaufswagen landet, auch tatsächlich essen würde. Und überdies vielleicht in vielen Fällen auch weniger essen würde, um Übergewicht zu

vermeiden. Doch es gibt nicht viele Ideen, wie Wege beschritten werden könnten, um die Konsumenten in diese Richtung zu „erziehen". Ohne ihre Autonomie in unzulässiger Form zu beschneiden.

Und so kann man sich lange und heftig darüber aufregen, dass ein so kleiner Anteil der produzierten Lebensmittel in unseren Mägen ankommt, aber unser Spielraum, etwas dagegen zu unternehmen, ist ausserhalb des eigenen Haushalts denkbar klein.

Wenden wir uns daher dem anderen von den Schweizer Kollegen identifizierten Hebel zu, nämlich der Balance zwischen pflanzlichen und tierischen Lebensmitteln. Um zu verstehen, warum die Umstellung von tierischen zu pflanzlichen Nahrungsmitteln in der menschlichen Ernährung so gravierende Auswirkungen auf das Ökosystem hätte, hier zunächst einige Ergebnisse aus wissenschaftlichen Studien der letzten Jahre:

- Der Energiebedarf für Hackfleisch übersteigt den Energiebedarf für Weizen etwa um den Faktor 6. Für die Produktion von 1 Gigajoule Kartoffeln fällt insgesamt ein Energieaufwand von 1,3 Gigajoule an, während für 1 Gigajoule konventionelles Hähnchenfleisch 26 Gigajoule nötig sind, für Bio-Hähnchenfleisch sogar 40 Gigajoule.
- Der Wasserbedarf zur Produktion eines Kilogrammes Milch übersteigt den Wasserbedarf zur Herstellung eines Kilogrammes Weizen um den Faktor 3. Der Wasserbedarf zur Herstellung eines Kilogrammes Rindfleisch liegt sogar um den Faktor 100 über dem Wasserbedarf zur Produktion eines Kilogramms Gemüse liegt.
- Die Treibhausgasemissionen, die ein Mensch mit durchschnittlichen Ernährungsgewohnheiten verursacht,

liegen doppelt so hoch wie die Treibhausgasemissionen eines Veganers. Unter den Fleischprodukten ist Hähnchenfleisch zwar noch das umweltfreundlichste Produkt; seine Treibhausgasemissionen sind aber doppelt so hoch wie jene von pflanzlichen Fleischersatzprodukten.

- Schwieriger zu quantifizieren ist der Einfluss der Tierhaltung auf die Artenvielfalt. Auch hier kommt eine Mehrheit der Studien zu einer Negativbilanz der Tierhaltung.

Die Zahlen verdeutlichen, worin der Unterschied zwischen den graduellen Effizienzsteigerungen durch technischen Fortschritt und den strukturellen Unterschieden zwischen pflanzlichen und tierischen Lebensmitteln liegen. Oben sprachen wir von Effizienzsteigerungen von 20 oder 40 Prozent. Während wir beim Vergleich pflanzlicher mit tierischen Lebensmitteln um Unterschiede von mehreren Faktoren sprachen, also von 200 oder 10.000 Prozent.

Abb. 3.1 illustriert, woher die grossen Unterschiede in der Umwandlungseffizienz zwischen tierischen und pflanzlichen Lebensmitteln zustande kommen. Ein Rind ist ein Lebewesen, das wie ein Mensch pflanzliche Lebensmittel in Bewegungsenergie verwandelt, und nebenbei – vor allem in jungen Jahren – einen Teil der aufgenommenen Energie in

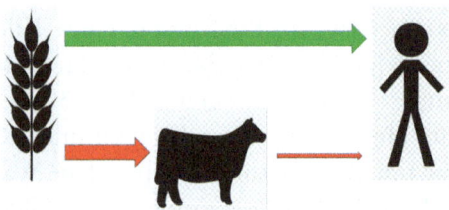

Abb. 3.1 Effizienzverluste durch die „Veredelung" pflanzlicher Lebensmittel. (Quelle: eigene Darstellung)

Muskelmasse umwandelt. Dass wir, wenn wir später diese Muskelmasse in Form von Schnitzel oder Leberwurst essen, deutlich weniger Energie in uns aufnehmen, als das Rind seinerzeit in sich aufgenommen hat, ist überhaupt nicht erstaunlich.

Und so waren auch die Modellergebnisse der Kollegen vom Forschungsinstitut für biologischen Landbau nicht erstaunlich: Würde man die Verwendung von Getreide und anderen Produkten des Ackerbaus als Futter auf null reduzieren, wäre eine flächendeckende Ernährung auf Basis des biologischen Landbaus kein Problem – zumindest, wenn nicht der Klimawandel zu stark sinkenden Erträgen führt. Damit übersteigt das Potenzial einer Umstellung der Ernährung auf pflanzliche Produkte auch das Potenzial einer Reduzierung von Nahrungsverschwendung.

Natürlich handelt es sich hierbei um eine anthropozentrische Sichtweise, d. h. der gewählte Betrachtungsrahmen geht davon aus, dass die Ernährung einer gegebenen Anzahl von Menschen möglichst ökologisch vor sich gehen soll. Natürlich würde man zu ganz anderen Ergebnissen kommen, wenn das Leben eines Rindes so zählen würde wie das Leben eines Menschen. Hier geraten wir von den ökologischen schnell in ethische Gefilde, die zunächst ausgeklammert und erst im folgenden Abschnitt thematisiert werden sollen.

Davor muss aber noch etwas Ordnung in die ökologische Dimension gebracht werden. Denn Abb. 3.1 setzt ja voraus, dass das Rind ein Nahrungskonkurrenz des Menschen ist. Das ist, wie Abb. 3.2 zeigt, natürlich eine Vereinfachung der Realität. Ein europäisches Forscherteam schätzte 2017, dass gewichtsmässig fast die Hälfte der Futtermittel auf Gras und Blätter entfällt. Auch die 19 % Ernterückstände fallen weitestgehend in die Kategorie des Raufutters, da sie zu einem grossen Teil aus Stroh bestehen. Diese zusammen

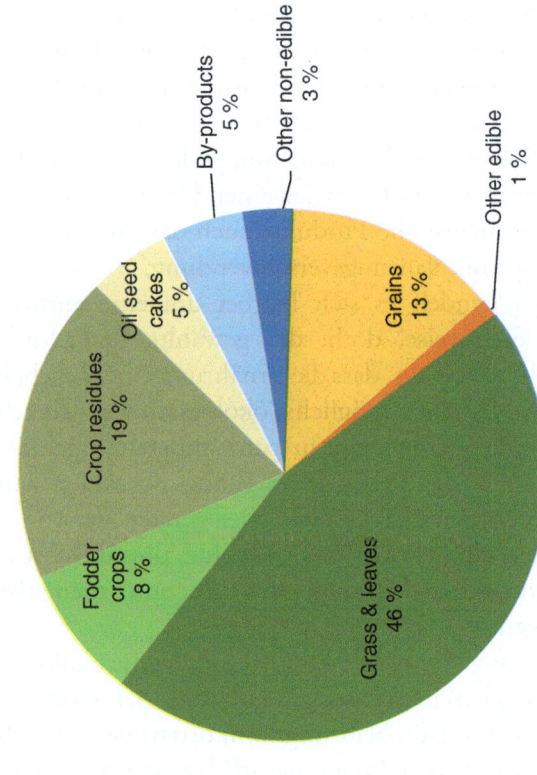

6.0 BILLION TONES DRY MATTER

Grass & leaves 46 %

Fodder crops 8 %

Crop residues 19 %

Oil seed cakes 5 %

By-products 5 %

Other non-edible 3 %

Grains 13 %

Other edible 1 %

Abb. 3.2 Zusammensetzung der an Nutztiere verfütterten Biomasse. (Quelle: A. Mottet, C. de Haan, A. Falcucci, G. Tempio, C. Opio, P. Gerber (2017): Livestock: On our plates or eating at our table? A new analysis of the feed/food debate. Global Food Security 14, 1–8)

65 % der Trockenmasse können nicht von den Monogastriden Schweinen und Geflügel aufgenommen werden – Raufutterverzehrer, für die Gras und Stroh verdaulich sind, sind neben Rindern noch Schafe, Ziegen und Pferde.

Doch auch für die Monogastriden steht nicht jede Nahrung im Wettbewerb mit dem Menschen. Hier gibt es Ölkuchen, Melasse oder Trester, der bei der Herstellung von Speiseöl, Zucker oder Bier als Nebenprodukt anfällt. Also besteht auch bei diesen Tieren keine hundertprozentige Nahrungskonkurrenz zum Menschen

Abb. 3.2 ist allerdings aus mehreren Gründen missverständlich. Der wichtigste ist die unterschiedliche Energiedichte. Während die zitierten Forscher mit Kilogramm Trockensubstanz rechnen, ist unbedingt zu ergänzen, dass die Energiedichte eines Kilogramms Trockensubstanz von Gerste dreimal so hoch ist wie die eines Kilogramms Trockensubstanz Heu. Eine energetische Verteilung der Futtermittel sähe somit deutlich anders aus. Ein zweiter Aspekt ist, dass sich zahlreiche heutige Grünlandstandorte auch als Ackerland zur Produktion pflanzlicher Nahrungsmittel eignen würde. Allein in Deutschland wurden in den letzten 30 Jahren 600.000 ha von Grünland zu Ackerland umgebrochen. Noch weiter relativieren lässt sich die Zusammenstellung, wenn man den Systemrahmen der heutigen Ernährung verlässt: denn Gras, vor allem aber die Nebenprodukte der Ernährungsindustrie lassen sich auch zur Energieerzeugung mittels Biogas gut verwerten, teilweise auch als nachwachsender Rohstoff für die Verpackungsindustrie. Und zuletzt sei noch darauf hingewiesen, dass die zu Beginn des Buches thematisierte rasante Ausweitung der Tierproduktion dazu führt, dass die Nahrungskonkurrenz zwischen Menschen und landwirtschaftlichen Nutztieren über die Zeit steigt.

Es lassen sich aber – und das ist die wichtigste Aussage von Abb. 3.2 – durchaus Tiere „produzieren", ohne dass dabei Lebensmittel für den Menschen verlorengehen. Die Frage, ob es für das globale Ökosystem besser wäre, diese Standorte unbewirtschaftet zu lassen, oder ob das Optimum ein gewisses Mass an Wiederkäuern einschliesst, ist eine wissenschaftlich derzeit noch nicht beantwortete Frage.

Im gegenwärtigen Stadium kann diese Wissenslücke verschmerzt werden. Denn klar ist: zumindest eine Abschaffung der Mast der Monogastriden Schweine und Hühner und zumindest eine deutliche Reduktion der Anzahl von Wiederkäuern brächte die Entlastung, die das Ökosystem im Agrarsystem benötigt. Und das ist ein starkes, aber wahrscheinlich noch nicht einmal das stärkste Argument für eine postletale Landwirtschaft.

Ist die Bekämpfung des Welthungers ein weiteres Argument dafür, die Anzahl landwirtschaftlicher Nutztiere zumindest radikal zu reduzieren? Diese Frage ist nicht ganz leicht zu beantworten. Einerseits liegt auf der Hand, dass mehr Menschen ernährt werden können, wenn die Nutztiere als Nahrungskonkurrenten nicht mehr auftreten. Aber andererseits ist der Welthunger nicht primär ein Problem ungenügender Produktion. Nicht nur die Nahrungsverschwendung, sondern auch die Anzahl übergewichtiger Menschen verdeutlichen, dass global heute nicht zu wenige Lebensmittel produziert werden. In Ländern wie dem Tschad oder Madagaskar, in denen das Problem der Unterernährung am eklatantesten ist, sind Masthühner oder mit Getreide gefütterte Rinderherden nicht die wichtigste Ursache für die katastrophale Nahrungsmittelknappheit. Experten setzen zur Lösung der lokalen Probleme stärker auf den Einsatz von Pflanzenschutzmassnahmen oder auf kleinmassstäbige Bewässerungssysteme. Eine postletale Landwirtschaft wird daher zwar in der Tendenz einen positiven

Beitrag für die Ernährungssicherheit leisten. In dieser Hinsicht sind aber keine Wunder zu erwarten.

Wichtig ist in jedem Fall: Die bedeutenden ökologischen Probleme der globalen Landwirtschaft lassen sich im Wesentlichen nur durch eine massive Reduzierung der Tierproduktion in den Griff bekommen. Während Extensivierungsmassnahmen alleine nicht zum Ziel führen werden. Und noch weniger die oft geforderte Rückbesinnung auf regionale Produktion und lokale Kreisläufe. Da der ökologische Fussabdruck der Lebensmittelproduktion nur drei Prozent enthält, die durch Transporte entstehen, besteht diesbezüglich aus wissenschaftlicher Sicht keinerlei Aussicht auf die Verbesserung der ökologischen Situation. Selbst, wenn man eine Regionalisierung der Lebensmittelproduktion vielleicht aus sozialer Perspektive sinnvoll findet.

3.2   Der ethische Diskurs

Im Gegensatz zur Ökologie ist die Ethik eine der ältesten Disziplinen. Seit es die Philosophie gibt, ist auch die Ethik ein zentraler Pfeiler dieser Wissenschaft. Allerdings gibt es wenige Dinge, über die in der ethischen Diskussion ein breiter Konsens herrscht. Das beginnt schon bei der Frage, wie ethisch argumentiert werden sollte. Im Wesentlichen gibt es diesbezüglich heute zwei dominante Schulen.

Auf der einen Seite stehen die Vertreter der Pflichtenlehre in der Tradition Immanuel Kants, der mit dem kategorischen Imperativ ja einen wichtigen Grundsatz vertrat, an dem sich unser moralisches Handeln ausrichten sollte und an dem es dann auch zu messen ist. Auf der anderen Seite stehen Utilitaristen, für die lediglich entscheidend ist, wie der gesellschaftliche Gesamtnutzen erhöht werden kann. Diese Tradition entstand im Grossbritannien des 19. Jahrhunderts durch Jeremy Bentham.

Wenn schon die Methoden, wie Ethiker zu Werturteilen kommen, umstritten sind, erstaunt es nicht, dass auch die Fragen, mit denen sich Ethiker üblicherweise beschäftigen, unterschiedlich und oft gegensätzlich beantwortet werden. Das reicht von der Zulässigkeit medizinischer Behandlungsmethoden über Sterbehilfe bis hin zur Frage, ob Nutzen diskontierbar ist, also in der Zukunft weniger wert sein kann als heute. Zu all diesen Fragen kann man von ethisch gut ausgebildeten Menschen gegensätzliche Antworten erhalten.

Aber Ausnahmen bestätigen ja bekanntlich die Regel, und die Ausnahme schlechthin bezüglich der Uneinigkeit der Werturteile unter den Ethikern stellt die Tierethik dar. Auch hier ist man sich uneins über die entscheidenden Argumente. Aber im Ergebnis steht eigentlich immer fest: unsere heutige Praxis ist zutiefst unethisch.

Dieses Statement beschränkt sich in seiner Heftigkeit explizit auf Fachkreise. In den breiten Diskussionen, die Klassenzimmer, Biergärten und Internetforen füllen, wird selbstverständlich auch ethisch argumentiert, dass der Konsum von Fleisch ein gutes Recht des Menschen sei. Im Folgenden wird zu zeigen sein, dass das auf den Fachdiskurs unter philosophisch ausgebildeten Menschen aber nicht zutrifft.

Beginnen wir mit dem Utilitarismus. Wenn der als einzige Messlatte die Erfüllung von Präferenzen oder das Wohlbefinden an alle unsere Handlungen anlegt, dann benötigt es gar nicht viel Fantasie, um dieses Konzept nicht nur auf menschliches Leben, sondern auf alles empfindende Leben anzuwenden. Tatsächlich ist ein entsprechender Gedanke von Jeremy Bentham, dem Begründer des Utilitarismus selbst, überliefert:

„Vielleicht kommt der Tag, wenn der Rest der tierischen
Geschöpfe diese Rechte, die ihnen nur durch Tyrannei vor-
enthalten werden konnten, erhalten darf. Die Franzosen
haben bereits erkannt, dass schwarze Haut kein Grund ist,
einen Menschen den Launen eines Folterknechts zu über-
lassen. Vielleicht erkennt man eines Tages, dass auch die
Anzahl von Beinen, die Behaarung der Haut oder der End-
punkt des Kreuzbeins ein gleich ungenügender Grund für
den gleichen Tatbestand sind. Was sonst sollte die unüber-
windbare Linie bestimmen? Ist es die Gabe der Vernunft,
oder vielleicht des Diskurses? Aber ein erwachsenes Pferd
oder ein Hund ist ein unvergleichlich rationaleres und ge-
sprächsgewandteres Lebewesen als ein eintägiges, ein-
wöchiges und sogar einmonatiges Kind. Aber auch, wenn
dem nicht so wäre, was würde daraus folgen? Die Frage ist
nicht: *Können sie argumentieren? Können sie reden?*, sondern
Können sie leiden?"

In der deutschen Sprache gibt es das Wort „eigentlich", das
den Stellenwert dieser Aussage von Bentham über etwa
100 Jahre recht gut beschreibt: aus dem gedanklichen Konzept des Utilitarismus wurde in dieser Zeit eine anerkannte
ethische Schule. Der Gedanke, den Nutzen der Tiere dabei
in sein Kalkül mit aufzunehmen, wurde dabei zwar unwidersprochen gelassen. Er war aber von der Lebenswirk-
lichkeit zu weit weg, um wirklich ernst genommen, ge-
schweige denn umgesetzt zu werden.

Bis in den frühen 1970er-Jahren im britischen Oxford
ein ehrgeiziger Philosoph um die 25 Jahre mit einem vegetarischen Kollegen in die Mensa ging und sich erklären
liess, warum jener die Nudeln mit Fleisch zugunsten einer
Salat-Alternative ablehnte. Dieser Philosoph, Peter Singer,
hatte sich in seinem Studium bereits auf praktische Ethik
spezialisiert und dabei seine Masterarbeit („Warum sollte
ich moralisch sein?") und seine Doktorarbeit („Demokratie
und ziviler Ungehorsam") ziemlich in der Mitte der Diszi-

plin verfasst. Nun, nach dem Gespräch mit dem erwähnten Vegetarier, schrieb er ein Buch namens „Tierbefreiung", dem man schon in seiner Einleitung anmerkte, das dessen Thema Singer selbst noch nicht ganz geheuer war: „Wahrscheinlich ist der Leser skeptisch. ‚Tierbefreiung' klingt mehr nach einer Parodie auf Befreiungsbewegungen als nach einem ernsthaften Ziel." Dann aber begann Singer, Benthams Gedanken zu einem gar nicht parodistischen Argument auszubauen: wenn wir an Menschen und Tiere ungleiche Massstäbe anlegen, dann ist das Speziesismus. Da Tiere in ähnlichem Masse leiden können und umgekehrt auch Freude empfinden können, gibt es keinen Grund, warum es legitim sein sollte, Tiere zur Aufwertung unserer Mahlzeiten zu töten, Menschen aber nicht. Der Versuch einer Nutzenmaximierung hat Tiere stets ebenso zu umfassen wie Menschen. Übrigens macht Singer selbst eine Ausnahme bei Austern und Muscheln, bei denen er die Leidensfähigkeit nicht erkennt.

1999 beschwerte sich Peter Singer in einem Interview darüber, dass sein Buch so wenig Wirkung gezeigt habe. Er habe geglaubt, es würde eine Revolution bewirken, aber man müsse ja nur zu McDonalds gehen, um sich vom Gegenteil zu überzeugen. Immerhin bewirkte das Buch schon innerhalb weniger Jahre ein zweites: Singers acht Jahre älterer Kollege Tom Regan aus dem US-amerikanischen Raleigh interessierte sich für den Umgang mit Tieren, seitdem ihm und seiner Frau ein Hund bei einem Unfall gestorben war, was ihn in ein emotionales Tief riss. Er fand Singers Einstehen für die Tiere faszinierend, aber seine Begründung unbefriedigend. Denn während Singer seine Ausbildung bei einem der einflussreichsten Utilitaristen (R.M. Hare) genossen hatte, hatte sich Regans Studium und seine frühen Arbeiten stets eng an der Pflichtenlehre orientiert.

Und so verfasste Tom Regan 1975 zunächst einen noch sehr vorsichtig gehaltenen Aufsatz, in dem er versuchte zu zeigen, dass vegetarische Ernährung durchaus motiviert sein könnte, und 1983 ein schon sehr viel mutigeres Buch zu Tierrechten. In dem er an Immanuel Kants Argument anknüpfte, dass ein Individuum einen inhärenten Wert hat. Mein Wert als Mensch liegt nach Kant nicht in meinen Leistungen begründet, sondern in meinem Menschsein, also in der Tatsache, dass ich ein Bewusstsein und damit auch Interessen, Wünsche und Vorlieben habe, und damit qualifiziere ich als Mensch mich für das Privileg, einen Eigenwert zu haben, und nicht zur Ressource degradiert werden zu dürfen. Regan verwendet den grössten Teil seines Hauptwerkes darauf zu zeigen, dass Kants Argumente sich auch auf Säugetiere, Vögel und Fische anwenden lassen. Wichtige Referenzen für Regan sind dabei Alltagserfahrungen und Alltagssprache, in denen Tieren durchaus ein spezifischer Charakter zugeschrieben wird. Er legt dar, weswegen es in keinerlei Hinsicht konsistent ist, Menschen einen intrinsischen Wert zuzuschreiben, Tieren aber nicht. Und dass es damit auch inkonsistent ist, von Menschenrechten zu sprechen, nicht aber von Tierrechten. Wenn also ein Menschenrecht das Recht auf Leben ist (Artikel 3 der UN Menschenrechtskonvention), dann müssen auch Tiere dieses Recht haben.

Singer und Regan sollen gelegentlich gemeinsame Spaziergänge mit ihren Hunden unternommen haben und sich dabei freundschaftlich darüber gestritten haben, warum es falsch ist, Tiere zu „halten". Dass es falsch ist, stand für beide ausser Frage.

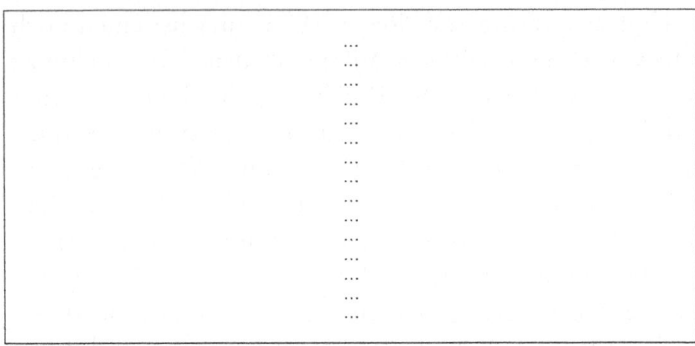

Hier fehlten nun die Gegenargumente. In einer ordent-
lichen Diskussion hätten jetzt die Ethikprofessorin aus
Cambridge und die Koryphäe aus Yale zu Wort kommen
müssen, die die Position belegen, warum das Halten und
Schlachten von Tieren eine durchaus vertretbare Praxis ist.
Dass man Tiere vielleicht etwas besser halten sollte, als wir
das tun, aber ein Verzicht auf Fleisch eine unnötige Selbstbeschränkung wäre. Zumindest ein Post-Doc aus Aarhus
oder ein Assistant Professor von der University of Nebraska
mit entsprechenden Positionen sollte sich doch finden
lassen!?

Es ist ja selten möglich, die Nichtexistenz von etwas zu
belegen. Aber zumindest ist es nicht leicht, entsprechende
Positionen zu finden. Was nicht heisst, dass die Positionen
von Singer und Regan nicht kritisiert worden seien. Die
Kritik an Peter Singer war und ist sogar überdurchschnitt-
lich heftig und reicht weit über die akademische Welt hinaus, aber nicht für seine Positionen zu Tieren, sondern die
zu Behinderten. Als Utilitarist vertritt Singer die Position,
unter bestimmten Bedingungen sollte Eltern behinderter
Kinder das Töten ihrer Neugeborenen erlaubt sein. Das
stösst bei Behindertenverbänden üblicherweise auf keine
gute Resonanz. Die Kritik an Regan ist üblicherweise weit

milder und fokussiert oft auf die intellektualistische Argumentation, die Affekte und Emotionen eher abwerte.

In der angewandten Ethik ist die Auseinandersetzung mit der Praxis der landwirtschaftlichen Tierproduktion seit Singer und Regan also durchaus weitergegangen. Wenn sich die Positionen dabei noch modifiziert haben, dann aber eher in Richtung einer noch klareren Ablehnung der heutigen Praxis. So füllt die deutsche Philosophin Tatjana Visak beispielsweise eine Lücke in der Argumentation Singers. Jener fokussierte sich auf die grausamen Praktiken, die in einem Grossteil der Tierproduktion üblich sind. Natürlich gibt es aber in der praktischen Landwirtschaft auch Bestrebungen, Tiere artgerecht zu halten. Sobald man die Rinder auf die Weide lässt und den Schweinen Stroh zum Spielen gibt, könnte man ja die Frage stellen, ob Singers Position noch zeitgemäss ist. Visak, in der gleichen utilitaristischen Tradition wie Singer, legt in ihrem Buch „Killing happy animals" ausführlich dar, warum auch das Töten glücklicher Tiere aus einer Gesamtperspektive heraus nicht nutzenmaximierend sein kann.

Auf der deontologischen Seite kann Christine Korsgaard, Professorin für Ethik an der Harvard-Universität, beispielhaft erwähnt werden. Die betont in ihrem Buch „Tiere wie wir" die biologische Einordnung unserer eigenen Art als tierisches Wesen. Anders als Regan sieht sie daher gar nicht die Notwendigkeit, die Kantsche Ethik konzeptionell zu erweitern, sondern zeigt, wie Letztere direkt auf landwirtschaftliche Nutztiere angewendet werden kann. In ihren Schlussfolgerungen kommt sie dann wieder sehr nahe an die von Regan.

Nach einem Philosophiestudium weiss man gemeinhin, dass Argumente wie „Der Mensch hat schon immer Fleisch gegessen" oder „Es kann doch nicht Sinn der Sache sein, bestimmte Vitamine als Tabletten einzunehmen" in einem ethischen Fachdiskurs nicht schwer wiegen (denn der erste Satz ist ein beschreibendes Statement, dass noch nicht als normatives Argument taugt, und der zweite Satz folgt eher einem Gefühl statt einem Argument). Daher ist die Einigkeit unter den Philosophen in der Beurteilung des Konsums von Fleisch vielleicht doch nicht so sehr erstaunlich.

Manche fleischliebenden Menschen versuchen auch, die Ethiker mit ihren eigenen Waffen zu schlagen und lamentieren über die Leidensfähigkeit der Pflanzen. Der Zweck dieser Übung ist klar: wenn Pflanzen ebenso litten wie Tiere, wenn man ihnen Schmerzen zufügt, dann bliebe nur noch die Entscheidung zwischen eigenem Hungertod und Tötung empfindenden Lebens. Doch hier müssen Ethiker eigentlich nur an ihre Kollegen von der biologischen Fakultät verweisen: Voraussetzung für die Leidensfähigkeit ist nach heutigem Wissensstand ein Nervensystem, das Pflanzen nicht haben. Und wer das nicht glaubt, der muss eben Fruktaner werden und sich auf die Früchte beschränken, die die Pflanzen freiwillig hergeben.

Nur ein kleiner Dissens bleibt am Ende: wie sollten Ethiker mit Bestrebungen umgehen, das Wohl der Tiere in der Landwirtschaft zu erhöhen? Unter Utilitaristen ist die Antwort darauf recht eindeutig: Auch, wenn man es für grundlegend falsch hält, Tiere zu mästen und zu schlachten, sollte man sein Gewicht dennoch auch hinter eine Verbesserung der Lebensbedingungen für Tiere werfen. Etwa für eine gewisse Mindest-Lebensdauer oder ausreichenden Auslauf eintreten. Der vielleicht hartnäckigste, auf jeden Fall aber prominenteste Gegner bezüglich des Tierwohl-Konzeptes ist der amerikanische Philosoph und Jurist Gary Francione. Er war der erste, der Tierrechte als Fach an einer Universität unterrichtete. Das Grundproblem stellt aus seiner Sicht dar, dass wir Tiere als Ressource statt als autonome Lebewesen behandeln. Massnahmen zur Erhöhung des Tierwohls stabilisieren nach Francione diesen untragbaren Zustand. Daher kämpfte er beispielsweise im Jahr 2008 gegen ein kalifornisches Gesetz, das landwirtschaftlichen Tieren mehr Bewegungsfreiheit ermöglicht hätte. Und so sind sich die Ethiker zwar über die Ziele in der Tierhaltung einig, nicht aber über den Weg dorthin.

3.3 Was ist mit Milch und Eiern?

Die meisten der hier zitierten Philosophen wurden im Zuge ihrer Auseinandersetzung mit der Tierproduktion erst Vegetarier und dann Veganer. Diese Reihenfolge kann durch die Tatsache erklärt werden, dass der Zusammenhang zwischen Fleischkonsum und der Tötung von Tieren sehr viel offensichtlicher ist als zwischen dem Konsum von Milch und Eiern und dem gewaltsamen Tod von Tieren. Da in diesem Buch die landwirtschaftliche Praxis im Mittelpunkt steht, sollte diese Frage gesondert betrachtet werden.

Denn die Produktion von Milch und Eiern ist heute tatsächlich flächendeckend mit der Tötung von Tieren verbunden. Dies trifft leider auf sämtliche heute bestehenden Produktlinien zu.

Am bekanntesten ist natürlich der Umgang mit männlichen Küken in der Legehennenproduktion. Fast alle Eier, die heute in Europa produziert werden, kommen von Legerassen, sodass die Mast der Tiere wirtschaftlich meist uninteressant ist. Die männlichen Küken, die aus den Eiern der Legehennen schlüpfen, sind es daher ebenfalls. Die daher lange Zeit gängige Praxis, männliche Küken unmittelbar nach ihrer Geburt auszusortieren und zu schreddern, war schon der Fokus im Wahlkampf der deutschen Tierschutzpartei, denn hier handelte es sich um eine Praxis, die so grausam war, dass sich Emotionen damit bündeln liessen. Mittlerweile gibt es in mehreren Ländern eine eifrige Suche nach Alternativen zum Töten von Küken, das alternativ auch durch die Begasung mit Kohlendioxid erfolgt. Eine Alternative stellt die Geschlechtserkennung im Ei dar, die allerdings nur dann einen fundamentalen Unterschied zur Kükentötung macht, wenn die Eier früh genug analysiert werden, dass der Embryo noch nicht empfindungsfähig ist.

In den letzten Jahren ist auch die Bruderhahn-Linie populär geworden. Hier verpflichten sich die Hühnerhalter, die männlichen Küken ebenfalls am Leben zu behalten, bis sie mit rund 150 Tagen Mastdauer sogar deutlich älter werden als in der konventionellen Mast, wo die Hühner oder Hähne selten länger als 40 Tage lang leben dürfen. „Wenn eine vierköpfige Familie etwa zehn Eier in der Woche verbraucht, kann sie mit dem Genuss von zwei Festtags-Bruderhähnen im Jahr eine ausgeglichene Hahn-Henne-Ei-Bilanz ermöglichen", rechnet die Bruderhahn-Initiative Deutschland vor.

All das sind Massnahmen, die die Lebenszeit der Tiere verlängern. Dennoch werden, wenn es nach Plan geht, alle beteiligten Tiere, sei es Schwesterhenne oder Bruderküken, eines gewaltsamen Todes sterben. Die natürliche Lebensdauer eines Huhns beträgt etwa fünf bis sieben Jahre. Legehennen werden aber üblicherweise schon nach 12 bis 14 Monaten gewaltsam aus dem Verkehr gezogen.

An dieser Stelle bereits ein kleiner Ausblick auf die Dilemmata, die durch unsere Verbrauchsmuster entstehen: Legehennen haben, wenn sie nach einem Jahr geschlachtet werden, aufgrund ihres Alters, ihrer Rasse und ihres anstrengenden Lege-Lebens nicht die Fleischqualität wie Masthühner. Traditionell wurden sie daher als „Suppenhuhn" vermarktet. Die Nachfrage nach Suppenhühnern ist jedoch in den vergangenen Jahrzehnten kontinuierlich gesunken. Da zudem die erzielbaren Preise niedrig sind, handelt es sich um eine für die Marktteilnehmer unattraktive Produktlinie. Für die Schweiz führte dies zu der etwas absurden Situation, dass sich im Land kein Abnehmer mehr für ausgemusterte Legehennen fand und die Eierproduzenten zwei Optionen hatten: Entweder fuhren sie die Tiere in ein ausländisches Schlachthaus, wo sie immerhin zu Wurstwaren verarbeitet (und dann in die Schweiz reimportiert) wurden, oder man vergaste die Legehennen in ihrem Stall und wandelte sie dann in einer Biogasanlage in Energie um. Was für die betroffenen Tiere sicher angenehmer war, als zunächst ins Ausland verfrachtet zu werden.

Als Fazit bleibt: Ob nach einem Lebenstag oder einem Lebensjahr: alle Tiere in der Eierproduktion sterben einen ebenso gewaltsamen Tod wie die Tiere, die wir als Chicken Nuggets oder Hähnchenschenkel essen.

In der Milchproduktion ist dies sehr ähnlich, auch wenn es einige technische Unterschiede zur Eierproduktion gibt. Etwa, dass die Nutzung von Zweinutzungsrassen noch deutlich üblicher ist als in der Geflügelhaltung. Die meisten verbreiteten Rinderrassen lassen sich sowohl für die Milch- als auch für die Fleischproduktion verwenden. Die Jerseyrasse stellt dabei eine Ausnahme dar, da die kleinen Tiere für die Fleischproduktion nicht geeignet sind. In abgeschwächter Form gilt das auch für die (sehr viel häufigeren) Holstein-Kühe.

Kälber kann man nicht gut schreddern, aber auch in diesen Fällen der „milchbetonten Rassen" ist es schwierig, aus der Aufzucht der männlichen Kälber ein einträgliches Geschäft zu machen. In den Wohnzimmern von Landwirten bekommt man hier hinter vorgehaltener Hand unschöne Geschichten zu hören. Etwa von den Viehhändlern, die nur dann bereit sind, diese Kälber für einen Spottpreis abzunehmen, wenn man sie selber verlädt. Oder von den Nachbarn oben am Berg, die die neu geborenen Kälber, wenn sie männlich sind, mit einem Stein aus dem Leben befördern.

Das Pendant zur Eierkennung, die die Geburt von kommerziell wertlosem männlichen Leben verhindert, ist das gesexte Sperma. Milchkühe werden heute üblicherweise nicht auf natürlichem Weg befruchtet, sondern mittels eines Plastikstabes, an dessen Ende sich frisch aufgetautes Sperma besonders leistungsfähiger Bullen befindet. Während bei den Hühnern die weibliche Eizelle über das Geschlecht des Kükens entscheidet, ist diese Information bei Säugetieren wie den Rindern im männlichen Sperma festgelegt. Da männliche und weibliche Spermazellen unterschiedlich schwer wiegen, können männliche Spermatozoen heute mit grosser Wahrscheinlichkeit aussortiert werden. Für einen Aufpreis kann der Landwirt also heute weitestgehend dafür sorgen, dass seine Kühe nur weibliche Nachkommen bekommen.

Aber wie für die Legehennen gilt auch für die Milchkühe: man erreicht in unserem heutigen Agrarsystem nur etwa ein Fünftel seiner biologischen Lebenserwartung. Im Fall der Milchkühe bedeutet dies: während die Tiere etwa 25 Jahre alt werden können, werden sie oft schon nach dem fünften Lebensjahr ins Schlachthaus gebracht. Die durchschnittliche Lebensdauer hat sich dabei in den letzten Jahren eher verkürzt. Das liegt nicht etwa an der Entwicklung der Milchleistung, die im fünften Jahr oft noch gar nicht beim Maximum angekommen ist. Gründe sind eher Tierarztkosten, die vom Alter der Tiere abhängig sind, sowie eine Beschleunigung des Zuchtfortschritts, wenn man innerhalb von acht Jahren schon drei statt zwei Generationen „weiter" ist. Ökologen wünschen sich dagegen längere Nutzungsdauern, um den Anteil der produktiven Phase an der Gesamtlebenszeit bei den Milchkühen zu erhöhen.

Es gibt für Hühner, und etwas häufiger auch für Kühe, Gnadenhöfe, die den Tieren nach ihrer produktiven Phase, finanziert meist durch Spenden, ein Weiterleben bis zu ihrem natürlichen Tod ermöglichen. Das aber ist die absolute Ausnahme und betrifft heute sicher deutlich unter ein Prozent der Tiere. Auf Gnadenhöfen werden typischerweise auch keine Lebensmittel gewonnen. Wer derzeit Milchprodukte oder Eier konsumiert, nimmt damit billigend die Tötung von Tieren in Kauf – weniger sichtbar, aber kaum weniger zwingend. Postletal ist die Produktion dieser Lebensmittel innerhalb der gängigen Systeme nicht.

Nicht nur ethisch, auch ökologisch können Milch und Eier ohne allzu viel Vereinfachung mit Fleisch in einen Topf geworfen werden. Da auch diese Produkte ein „Nebenprodukt" tierischen Stoffwechsels sind, schneiden sie im Vergleich mit pflanzlichen Lebensmitteln immer deutlich schlechter und nicht unbedingt besser als Fleisch ab.

Eine vegetarische Diät kann daher nur sinnvoll sein, wenn sie von Aspekten des persönlichen Geschmacks oder der Gesundheit getragen wird. Wer aus ethischen oder ökologischen Gründen kein Fleisch isst, sollte auch Eier und Milchprodukte vermeiden.

3.4 „Abolition" als Vorbild?

Philosophen verstehen aufgrund ihrer Ausbildung mehr von systematischem, ethischem Denken als von realen gesellschaftlichen Prozessen. Nur so ist Peter Singers erwähnte Enttäuschung über die mangelnden Konsequenzen aus seinem Buch zu verstehen. Wenn ein Philosoph unwidersprochen schreibt, dass eine übliche Praxis ethisch unvertretbar ist, bedeutet das noch nicht, dass diese Praxis eingestellt wird. Heute wird aber vielerorts umgekehrt so getan, als sei die Tierproduktion etwas Naturgegebenes, zu dem es keine Alternative gibt. Vielleicht ist das aber nicht weniger naiv als die Weltsicht Peter Singers.

Um einer Antwort auf diese Frage näher zu kommen, lohnt sich eben der Rückblick auf die Abschaffung der Sklavenhaltung. Unter Historikern gibt es die Minderheitenmeinung, dass die Sklaverei in erster Linie abgeschafft wurde, weil sie ökonomisch ineffizient war. Wenn das stimmt, dann hilft uns die Geschichte der „abolition", der Aufhebung der Sklavenhaltung, nicht oder kaum, um extrapolieren zu können, wie es der Tierproduktion ergehen wird. Viel spricht aber eben für die Mehrheitsmeinung, dass es primär ethische Bedenken waren, die die legale Sklaverei zu einem Ende gebracht haben. Daher soll der Ausflug in diese Geschichte etwas ausführlicher ausfallen, um Parallelen, aber eben auch Unterschiede zwischen Sklavenhaltung und Tierhaltung auszuloten.

Zurück zum Buchtitel „Tiere wie wir" der Tierrechtlerin Christine Korsgaard, der mit nur drei Worten das ethische Grundproblem der Tierproduktion zusammenfasst. Warum sollte es uns erlaubt sein, „unsereins" schlecht zu behandeln? Was die Sklavenhaltung betrifft, ist dies ein Grundgedanke, der noch stärker auf der Hand liegt, und viel dazu beigetragen hat, dass Sklavenhaltung heute universell als ethisch unvertretbar gilt. Eine Forelle lässt sich vom Menschen noch sehr einfach auf den ersten Blick unterscheiden. Aber wie unterscheidet sich ein Sklave von einem Freien? Warum sollten Menschen wie wir (von Menschen wie uns) so fundamental entrechtet werden?

Auf diese Frage hat die Menschheit in ihrer Geschichte im Wesentlichen drei Antworten gefunden:

- Der älteste dokumentierte Grund, warum ein Mensch zum Sklaven wird, ist die Kriegsgefangenschaft. Sowohl das antike Griechenland als auch das römische Reich kannten die Nutzung von Kriegsgefangenen und ihren Nachkommen als Sklaven. Die Redewendung „sub corona vendere", unter der Krone verkaufen, zeugt von einer Lösung des Problems der mangelnden Unterscheidbarkeit zwischen Sklaven und Freien. Indem man den als Sklaven zu verkaufenden Kriegsgefangenen einen Lorbeerkranz aufsetzte, wurde klar, wer auf dem Markt Verkäufer und wer Ware war. Psychologisch ist es wahrscheinlich verständlich, dass Menschen, die mir im Krieg nach dem Leben getrachtet haben, in maximaler Weise degradiert werden. Noch 1949 klagte ein Journalist in der „Zeit", die deutschen Kriegsgefangenen in der Sowjetunion würden de facto wie Sklaven gehalten werden. Indem in vielen Kulturen aber auch die Nachfahren von Kriegsgefangenen als Sklaven kategorisiert wurden, konnte eine persistente Klasse entrechteter Menschen aufgebaut werden.

- Ebenfalls aus grauen Vorzeiten stammt die Überschuldung als Voraussetzung für Versklavung und hat mit dem Begriff der Schuldknechtschaft sogar einen eigenen Namen bekommen. Und auch hier lässt sich der einmal erworbene Sklaven-Status auf die folgende Generation übertragen. Eine häufiger diskutierte Frage ist, ob die Kausalität in diesem Fall vielleicht in beide Richtungen funktioniert: Werden nur Menschen versklavt, die sich überschuldet haben, oder werden auch Menschen in die Überschuldung getrieben, weil die Wirtschaft Sklaven benötigt? Letzteres wird von den USA des frühen 20. Jahrhunderts berichtet. Die Polizei verhängt aus zum Teil fadenscheinigen Gründen eine Geldstrafe an Schwarze, die so hoch ist, dass jene nicht zahlen können. Es findet sich ein Unternehmer, der die Zahlung übernimmt und die betreffende Person zum Ausgleich zwingt, bei ihm das Geld abzuarbeiten. Woraus Sklaverei zwar nicht im rechtlichen Sinne entsteht, aber die realen Verhältnisse der Sklaverei nachgebildet werden.

- Die modernste Rechtfertigung der Sklaverei ist der Rassismus. Der als Wort zwar erst seit dem 20. Jahrhundert existiert, aber de facto deutlich älter ist. Schon die Verbindung von Rassen und Religionen, die man im Mittelalter gerne machte und daher Schwarze nicht oder nur ungern zum Christentum konvertieren liess, kann als Rassismus verstanden werden. Noch deutlicher aber wird es mit dem Prozess der Aufklärung, der den Rassismus säkularisiert. Voltaire beispielsweise formulierte, die Intelligenz der Neger läge weit unter jener der Weissen. Womit der entscheidende Punkt einer naturgegebenen Hierarchie postuliert wird. Der in allen Schriften zur Rechtfertigung der Sklavenhaltung eine zentrale Bedeutung spielt. So wie manche den Bibelvers, der Mensch solle sich die Erde untertan machen, als Rechtfertigung für ihren fleischhaltigen Speiseplan verwenden, rechtfertigten zahlreiche Zeitgenossen die Sklavenhaltung mit der gottgegebenen Hierarchie.

Es ist leicht zu sehen, dass der Rassismus unter den drei genannten Gründen der Einteilung von Menschen in Herren und Sklaven die stabilste Konstellation schafft. Man wird irgendwann über meinen Status als Sklave ins Zweifeln kommen, wenn er nur darin begründet liegt, dass mein Grossvater Schulden beim Grossvater meines Herrn hatte. Weniger Zweifel regen sich, wenn sich mein Status als Sklave durch meine optisch leicht zu verifizierende Rasse begründen lässt, die der Rasse meines Herrn naturgebenermassen unterlegen ist. Und daher musste im Zuge der Debatten um die Abschaffung der Sklaverei nicht über die Konsequenzen von Überschuldung oder Kriegsgefangenschaft diskutiert werden, sondern über die mögliche Unterlegenheit von Farbigen.

Aber der Reihe nach: Solange niemand die Rechtmässigkeit der Sklavenhaltung so lautstark anzweifelte, dass ihre Existenz infrage gestellt worden wäre, gab es auch keine Notwendigkeit, Argumentationen zu ihrer Verteidigung zu entwickeln. Zu der ungehörten Stimme Jeremy Benthams im 19. Jahrhundert gegen die Ausbeutung von Tieren gibt es mit der Stimme des deutschen Juristen Eike von Repgow ein frühes Pendant: Schon im Jahr 1230 argumentierte dieser, da der Mensch Gottes Ebenbild sei, gehöre er nur Gott, und sonst niemandem. Daher werde Sklaverei zwar aus Gewohnheit für rechtmässig gehalten, sei es aber nicht. Diese frühe Stimme verhallte damals in der Gesellschaft ebenso ungehört wie die Benthams 700 Jahre später.

Aber auch in den Jahrhunderten danach fällt auf: Schriften, die sich für die Abschaffung der Sklavenhaltung aussprechen, sind sehr viel einfacher zu finden als Schriften für die Beibehaltung dieser Institution. Das trifft gerade für die frühen Stadien der Debatte zu. Erst, als nach dem Verbot in Grossbritannien auch in den USA ein Verbot der Sklavenhaltung drohte, wurden die Verfechter der Sklaverei dort schriftstellerisch aktiv. In der Zeit, in der sich nach den Schätzungen von Historikern drei Viertel der Menschheit in der einen oder anderen Form von Sklaverei befanden, gab es offenbar keinen Grund, sich für Sklavenhaltung zu erklären.

Die dann entstehenden Voten zur Beibehaltung der Sklaverei können in religiöse, anthropologische und sozioökonomische Argumentationslinien eingeteilt werden. Die sich natürlich auch kombinieren liessen, wenn etwa der Pfarrer James Thornwell pragmatische Überlegungen zum Nutzen der Sklaverei mit Bibelzitaten untermauerte. Für unseren Zweck aber sind die anthropologischen Perspektivsten am fruchtbarsten, wie etwa der Vortrag „Vom Platz des Negers in der Natur" des Forschers James Hunt, der die zahlreichen und bedeutenden Unterschiede des „wollhaarigen Negers" zur weissen Rasse hervorhob.

Die Bibel wurde von beiden Seiten häufig als Autorität herbeigezogen. Der kürzlich verstorbene Religionswissenschaftler Hector Avalos stellt in seinem Buch „Slavery, Abolitionism, and the Ethics of Biblical Scholarship" die These auf, dass die Religion die Abschaffung der Sklavenhaltung verlangsamt habe. Vielleicht ist das eine einseitige Sichtweise, nicht nur wegen des oben zitierten Eike von Repgow, der ja auch theologisch argumentierte, sondern auch wegen der frühen dokumentierten Stimmen gegen die Sklaverei, die zu einem grossen Teil von Quäkern, zu einem kleineren Teil von Anglikanern kamen. Von John Woolman etwa, der in seinen Schriften immer wieder die Universalität von Gottes Liebe in den Mittelpunkt stellte. Damit seien, so Woolman, alle Menschen vor Gott gleich.

Woolmans Freund Anthony Benezet war vielleicht die erste Person, die den Kampf für Skalvenbefreiung mit einer vegetarischen Ernährung verband. Sein Schwerpunkt lag auf Bildungsfragen, und daher gründete er eine der ersten Schulen für Schwarze. Er argumentierte in seinen Schriften eher weltlich und verband dort Schilderungen des Elends der Sklavenhaltung einerseits mit einer Darstellung der intakten Umwelt, aus denen die Neu-Sklaven gerissen wurden, andererseits mit der Beschreibung der beachtlichen Fähigkeiten und Fertigkeiten schwarzer Menschen.

All das mag den Keim dafür gelegt haben, dass die Universität Cambridge ihren jährlichen Essaywettbewerb 1785 unter das Thema stellte „Ist es rechtmässig, Andere zu Sklaven gegen ihren Willen zu machen?" Der Sieger dieses Wettbewerbs wurde Thomas Clarkson, der auf der Grundlage dieses Erfolge sein politisches Leben in den Dienst eines Kampfes gegen die Sklaverei stellte und zu einem der engagiertesten Apologeten für die Sklavenbefreiung in Grossbritannien wurde. In seinem Essay hatte er betont, dass Sklaven die gleichen Gefühle, die gleichen Freuden und die gleichen Schmerzen wie freie Menschen hätten.

In der Literatur, die die Faktoren aufarbeitet, die schlussendlich zum Verbot der Sklavenhaltung in Grossbritannien als erstem Land führten, werden im Wesentlichen drei Faktoren genannt. Erstens der Mut der genannten Exponenten, die ersten Petitionen gegen Sklavenhaltung zu verfassen und einzureichen. Zweitens kam unerwartet starke öffentliche Unterstützung hinzu. So wurde eine Petition für die Abschaffung des Sklavenhandels in Manchester etwa von zwei Dritteln der erwachsenen Bevölkerung unterschrieben. Und zuletzt kamen noch energiegeladene und engagierte Politiker wie William Wilberforce hinzu, die im Parlament nach einigen gescheiterten Anläufen 1806 schliesslich einen entsprechenden Beschluss herbeiführten. Um den Kreis zu schliessen, erstellte Thomas Clarkson 1808 eine Dokumentation über den parlamentarischen Prozess, der zu dem historischen Schritt führte.

Die Tatsache, dass selbst in dieser historischen Phase wenig geschrieben wurde, das Sklavenhandel und -haltung verteidigte, hilft dabei, die heutige Abwesenheit von Schriften zu verstehen, die den Fleischkonsum verteidigen. Umgekehrt kann prognostiziert werden, dass solche Argumentationen auftauchen werden, sobald es ernst wird, also sobald es wahrnehmbare gesellschaftliche Bestrebungen geben wird, die Praxis der Tierproduktion zu beenden. Die Debatte zur Abschaffung der Tierproduktion hat heute noch nicht wirklich begonnen, sodass wir uns in diesem Prozess etwa dort befinden, wo die Sklavenhaltung vor 250 Jahren war.

Ein historischer Vergleich des intellektuellen Nähr-
bodens, auf dem die Bewegung zur Aufgabe der Sklavenhaltung wuchs, macht zunächst auf einen deutlichen Unterschied aufmerksam: es waren Quäker und ein paar
Anglikaner, denen das Ende der Sklaverei ein Anliegen war,
und argumentiert wurde primär theologisch. Das kann
über die vegane Bewegung nicht behauptet werden. Es gibt
aus den ersten Jahren der veganen Bewegung um die Jahrtausendwende einen Gerichtsprozess, der das gut illustriert:
In Kalifornien wurde ein veganer Arbeitnehmer entlassen,
weil er sich weigerte, sich (lange vor Corona) mit einem
Impfstoff impfen zu lassen, der tierische Substanzen ent-
hielt. Er zog vor Gericht, wo er sich auf einen Artikel zum
Schutz der Religionsfreiheit berief. Die Richter urteilten
aber, der Artikel könne nicht zur Anwendung kommen, da
Veganismus eben keine Religion sei.

Natürlich gibt es auch Veganer, die aus religiösen Gründen vegan sind. Aber das ist in der kleinen Minderheit der
Veganer wiederum eine noch kleinere Minderheit. In der
veganen Bewegung dominieren, anders als in der Bewegung
der Sklavenbefreiung, heute ethische über theologische
Aspekte.

Dieser Vergleich hinkt aber insofern, da das Gleichgewicht zwischen Theologie und Ethik vor 250 Jahren ein
anderes war als im 21. Jahrhundert. Während Religion für
die meisten von uns heute entweder keine oder eine recht
gut abgrenzbare Rolle spielt, ist wohl kaum vorstellbar, wie
durchzogen damals das gesamte Leben von Religion war –
Moral, Verhalten und sogar Gesetze. Vor 250 Jahren wäre es
merkwürdig gewesen, wäre die Diskussion zur Aufhebung
der Sklaverei ausserhalb des wichtigsten normativen Rah-
mens der damaligen Zeit geführt worden wäre.

Umgekehrt ist bemerkenswert, dass die philosophisch
orientierten Zeitgenossen der religiös argumentierenden

Quäker Woolman, Benezet und Clarkson wenig bis nichts zur Abschaffung der Sklavenhaltung beitrugen. Oft ist sogar eine Unterstützung von Rassismus und Sklaverei dokumentiert. Georg Hegel etwa nutzte die Sklaverei als Beispiel dafür, wie Menschen die Irrelevanz ihres eigenen Willens gelehrt werden könnten, während Immanuel Kant in seiner „Physischen Geografie" die Überlegenheit der weissen Rasse über die schwarze propagierte. Auch im Kulturkampf um die Abschaffung der Sklavenhaltung in den Südstaaten der USA wurde der Utilitarismus herangezogen, um den Status Quo zu verteidigen. So kann zumindest festgehalten werden, dass die Ethik als philosophische Disziplin seinerzeit nicht zur Abschaffung der Sklavenhaltung beigetragen hat.

Auf den ersten Blick scheint es also auf dem argumentativen Weg zur Befreiung der Sklaven einen diametralen Gegensatz zum Befreiungsweg der Tiere zu geben: während ersterer sich vor allem auf religiöse Argumente berief, dominieren bei letzterem klar ethisch geleitete Argumentationen. Doch dieser Gegensatz kann auch als Parallele gedeutet werden: um gesellschaftlichen Fortschritt zu erreichen, sollte man sich der in der entsprechenden Zeit einflussreichsten Argumentarien bedienen: das war im 18. Jahrhundert die Theologie, während es heute die Ethik ist.

Die gesellschaftliche Entscheidung, die Praxis der Sklavenhaltung zu beenden, war natürlich nicht nur das Ergebnis rationaler Abwägungen. Emotionale Faktoren, allen voran grundlegende Empathie, spielten dabei eine mindestens ebenso starke Rolle. Historische Studien zeigen etwa die wichtige Rolle von Illustrationen auf, die die Grausamkeiten gegenüber versklavten Menschen zeigten. Gerade auch in Verbindung mit verbalen Erläuterungen waren die wichtige Werkzeuge im Kampf gegen die Sklaverei. Das prominenteste Beispiel ist dabei das Buch „Onkel Toms

Hütte" der Amerikanerin Harriet Stowe, das seinerseits durch zunehmend verfügbare Dokumentationen der Sklavenhaltung inspiriert wurde und dann zu einer wichtigen Kraft in der Auseinandersetzung über Sklaverei in der innenpolitischen Auseinandersetzung der USA wurde.

Auch hier scheinen die Parallelen zur veganen Bewegung auf den ersten Blick sehr begrenzt zu sein. Es gibt zumindest bislang keinen Roman, der in der Auseinandersetzung um den Fleischkonsum eine grössere Rolle spielen würde. Andererseits steht auch heute die Verbindung von Bild und Text in der Auseinandersetzung um tierische Lebensmittel im Vordergrund. Abb. 3.3 zeigt ein Beispiel: Das Plakat der Nichtregierungsorganisation PETA schafft durch die Vermenschlichung der Praktiken mit Milchkühen und ihren Kälbern Empathie. Interessanterweise wurde diesem Plakat ein anderes Schicksal zuteil als dem Erfolgsroman „Onkel Toms Hütte": es wurde vom zuständigen Prüfgremium im Kanton Zürich als zu „schockierend, sexistisch und entwürdigend" verboten – ein Urteil, was wahrscheinlich mehr über die Praktiken in der Tierproduktion aussagt als über das Plakat selbst.

Letztendlich gilt hier das gleiche wie für die Analyse der dominierenden Argumente: Sowohl die Kampagne gegen

Abb. 3.3   PETA-Plakat. (Quelle: wildbeimwild.com)

die Sklaverei als auch die Kampagne gegen Tierproduktion bedienen sich der dominanten Stilmittel ihrer Zeit. Und die sind eben heute eher filmisch und fotografisch, während Romane eine untergeordnetere Rolle spielen mögen als vor 200 Jahren. Auch wenn die Empathie für beide Anliegen eine gleichermassen wichtige Rolle spielt.

Als Unterschied zwischen den Kampagnen mag ferner erscheinen, dass die Stärke der jeweiligen Gegenbewegung unterschiedlich aussieht. Allein in den Monaten nach Erscheinen von Onkel Toms Hütte erschienen acht Romane, die die positiven Seiten der Sklavenhaltung beleuchteten. Die Fülle an Schriften, literarischen und wissenschaftlichen, die vor allem aus den Südstaaten der USA heraus die Institution der Sklaverei verteidigten, scheint im Gegensatz zu der Literatur zu stehen, die heute die Tierproduktion verteidigt. Denn diese Literatur existiert zwar, erscheint aber sowohl in qualitativer als auch in quantitativer Hinsicht deutlich dünner zu sein als die Texte für eine vegane Transformation. Oben thematisiert wurde ja bereits das Fehlen einer wissenschaftlich-ethischen Verteidigungslinie in Bezug auf die Tierproduktion. Im Sachbuchbereich ist die Situation mit Titeln wie „Die grosse Vegan-Lüge" zwar etwas ausgeglichener, doch auch hier überwiegen die Texte zugunsten einer Transformation der Ernährung.

Die Situation auf der Seite der Tierproduktion gleicht also eher der Situation zum Thema Sklaverei im Jahr 1800 als der im Jahr 1850. Denn auch, als die ersten Aktivisten in Grossbritannien und den USA vor 1800 begannen, ihre Überlegungen zur Aufgabe der Sklaverei aufzuschreiben, gab es noch wenige Sklavenhalter und wenige andere Menschen, die die Notwendigkeit sahen, für die Aufrechterhaltung einer Selbstverständlichkeit zu argumentieren. Insofern kann erwartet werden: diese Stimmen werden unbedingt hörbar werden, sobald die Debatte zur Abschaffung der Tötung von Tieren Fahrt aufnimmt.

Bis hierhin war der Vergleich der Sklavenhaltung mit der Tierproduktion bzw. der Kampagnen dagegen in erster Linie historisch. Ein systematischer Vergleich hingegen müsste mit der Frage beginnen, gegen welche Praktiken sich die beiden Kampagnen jeweils wendeten. Denn hier scheint es einen blinden Fleck der veganen Bewegung zu geben. Jene, die wie Gary Francione unter dem Begriff der Abolition für eine Parallelentwicklung der Tierhaltung zur (abgeschafften) Sklavenhaltung kämpfen, übersehen, dass Sklaven nie gemästet und geschlachtet wurden.

Natürlich ist es naheliegend, als Tierfreund an dieser Stelle „Umso schlimmer!" zu rufen und dies als Beleg für die unethische Behandlung der Tiere zu nehmen, was es wahrscheinlich auch ist. Fruchtbarer ist es hingegen, sich mit der Frage zu beschäftigen, was die Ursache für diesen Unterschied ist. Die italienische Kulturwissenschaftlerin Alice Giannitrapani stellte hierzu 2018 im International Journal of Semiotics of Law die These auf, dass es sowohl für unsere Intimbeziehungen als auch für unsere Ernährung ein „zu nah" und ein „zu entfernt" gebe, von dem wir uns lieber fernhalten würden. Für unsere Intimbeziehungen sind nahe Verwandte ein Beispiel für „zu nah", während Tiere ein typisches Beispiel für „zu entfernt" sind. Im Fall unserer Ernährung weist Giannitrapani auf andere Menschen hin, die uns eben zu nah scheinen, als dass wir sie uns schmecken lassen könnten. Dagegen sind für viele Menschen Insekten ein Beispiel für „zu entfernt".

Und so sind Pferde, die uns offenbar auch so nahe sind, dass wir sie häufiger in den Arbeitsdienst als ins Kühlregal stellen, ein klareres Parallelbeispiel zur Sklavenhaltung als Rinder, Schweine und Hühner. Als vor einigen Jahren ein Nahrungsmittelproduzent Pferde- statt Rindfleisch in seine

Tiefkühllasagne mischte, wurde dies weithin als Skandal betrachtet. Eben weil hier offensichtlich bei vielen Konsumenten die „zu nah"-Perspektive eingenommen wurde.

In der Tatsache, dass wir offenbar eine stärkere emotionale Bindung an andere Menschen als an Tiere haben, kann auch schon ein Erklärungsfaktor gesehen werden, dass der Menschheit die Abschaffung der Sklavenhaltung so viel leichter von der Hand ging als die Abschaffung der Tierproduktion, die wohl ein noch grösserer Kraftakt wird.

Eine Parallele zwischen Sklaverei und Tierproduktion, über die Tierrechtler sehr viel häufiger sprechen, ist die jeweilige ideologische Grundlage bzw. die Parallelen zwischen Rassismus und Speziesismus. In der Tat bedarf es für beide Ideologien dreier Schritte, wobei der einzige Unterschied das jeweilige Bezugsobjekt ist. Der erste Schritt ist dabei der einfachste: die Feststellung eines Unterschiedes zwischen den Lebensformen. Dabei fällt die Unterscheidung zwischen Menschen und anderen Tieren noch etwas leichter als die phänomenologisch geprägte Unterscheidung zwischen Rassen.

Der zweite Schritt besteht in der Definition der Überlegenheit einer Rasse bzw. Spezies. Üblicherweise weist man dabei auf Fähigkeiten einer Rasse bzw. Spezies hin, die die andere Rasse bzw. Spezies nicht hat. Auf dieser Basis werden der überlegenen Rasse bzw. Spezies dann in einem dritten Schritt Privilegien zugeschrieben, sei es, dass man die anderen für sich arbeiten lassen oder essen darf. Oft werden die als unterlegen definierten Rassen bzw. Spezies hierbei eher als Objekte als als Subjekte gesehen.

In den letzten Jahren zweifeln Wissenschaftler ja immer stärker an, ob die Unterteilung der Menschheit in bestimmte Rassen überhaupt Sinn macht; andererseits ist etwa die Farbe der Haut ein ebenso ins Auge stechendes Merkmal wie ihre Behaarung, sodass vielleicht das Bestehen oder Nichtbestehen systematischer Unterschiede nicht das hauptsächliche Problem ist. Falscher und schädlicher sind aber der zweite und dritte Schritt. Eine Überlegenheit einer Rasse bzw. Spezies setzt ein meistens ziemlich eindimensionales Wertesystem voraus. Selbst wenn, um bei der Mensch-Tier-Unterscheidung zu bleiben, der Mensch mehr geistige Fähigkeiten hat als die anderen Tiere – wer wollte bestreiten, dass viele Tiere besser riechen können als der Mensch? Oder dass Tiere noch nie einen Weltkrieg begonnen haben?

Aber selbst wenn es korrekt wäre, dass der Mensch den anderen Tieren in allen Dimensionen überlegen wäre, ebenso wie wenn die weisse „Rasse" der schwarzen in allen Punkten überlegen wäre, dann wäre der dritte Schritt noch immer falsch: Dass uns das legitimieren würde, das Leiden der unterlegenen Rasse bzw. Spezies für unser Wohlergehen in Kauf zu nehmen. Leiden ist immer relevant, egal ob es bei unter- oder überlegenen Individuen oder Gruppen stattfindet.

Wir verlassen an dieser Stelle kurzzeitig das Thema der Sklaverei, um auf einen gelegentlichen Konflikt zu kommen: den des Vergleichs der Tierhaltung zum Holocaust. 2017 etwa äusserte der grüne Abgeordnete Jonas Fricker im Nationalrat bei einer agrarpolitischen Debatte: „Als ich das letzte Mal so eine Dokumentation von Transporten von Schweinen gesehen habe, sind mir unweigerlich die Bilder der Massendeportationen nach Auschwitz aus dem Film Schindlers Liste hochgekommen. Ich kann nichts dafür, das ist einfach so passiert. Die Menschen, die dort deportiert wurden, die hatten eine kleine Chance zu überleben. Die Schweine, die fahren in den sicheren Tod." Diese schon entschuldigend vorgetragene Schilderung einer persönlichen Assoziation hatte heftige Folgen: wenige Minuten nach seiner Rede entschuldigte sich Fricker vor den Abgeordneten ein weiteres Mal, wenige Tage später trat er von seiner Abgeordnetentätigkeit zurück.

Worin lag das Problem von Frickers Vergleich? Worin lag die Ungeheuerlichkeit, die eine jahrelang aufgebaute politische Karriere abrupt abschnitt? Der Antisemitismusexperte Micha Brumlik argumentierte damals, Frickers Aussage sei „in gewissem Sinne" antisemitisch. „Tiere haben im Gegensatz zum Menschen kein Gefühl für diese unglaubliche Entwürdigung, denen die Opfer des Holocausts ausgesetzt waren", gab er zu Protokoll. An dieser Aussage ist bemerkenswert, wie sehr sich Brumlik in der Gefühlswelt der Schweine auskennt. Tierrechtler weisen in diesem Zusammenhang gelegentlich darauf hin, dass zahlreiche Tiere sicher einen ausgeprägteren Bewusstseinszustand haben als ein- oder zweijährige Kinder. Insgesamt verifiziert die Aussage Brumliks die Denkmuster, die einen Vergleich zwischen Holocaust und Tierproduktion als unangemessen erscheinen lassen. Irgendwie, und wenn es über das Konstrukt der Würde ist, sind die Menschen schon höherwertig als andere Tiere. Daher müssen Politiker, die das kurzzeitig vergessen, ihren Platz räumen. Auch eine Kampagne von PETA in Deutschland, die mit dem Holocaust-Vergleich arbeiten wollte, wurde entsprechend gerichtlich untersagt.

Kehren wir zur Sklaverei zurück, oder vielmehr zur Sklavenbefreiung. Denn hier reklamieren Tierrechtler, die sich mit dem Vergleich zur Sklavenhaltung beschäftigen, eine weitere Parallele. Im 19. Jahrhundert mussten die Sklaven befreit werden, heute die Tiere. Und in der Tat spielte in den Auseinandersetzungen zwischen Nord- und Südstaaten im 19. Jahrhundert eine wesentliche Rolle, dass Freiheit als ein Kernwert der Vereinigten Staaten galt.

Dieser Aspekt macht klar, dass die Anliegen der Tierrechtler über den Verzicht auf Tötung hinausgehen und auch die Haustierhaltung betreffen. Auch sind wir hier von den Behandlungs-Arten näher an den Sklaven als bei der Schlachtung. Der Anspruch der Freiheit impliziert dabei, dass kein Individuum ein anderes „besitzen" kann. Unter diesen Voraussetzungen könnte es keine Haustierhaltung geben, bei der doch stets der Mensch „Herr im Haus" ist.

Natürlich kann die Freiheit hier auch auf der anderen Seite reklamiert werden. Während eines der zentralen Argumente der Sklavenhalter in der Debatte des 19. Jahrhunderts war, die Freiheit zur Sklavenhaltung sei ein zu schützendes Gut, kann eben jene Freiheit auch von Fleischessern und Haustierhaltern eingefordert werden. Um in diesem Durcheinander klarer sehen zu können, führte der Philosoph Isaiah Berlin hier im Jahr 1969 die Unterscheidung zwischen zwei verschiedenen Arten von Freiheit ein. Auf der einen Seite steht hier Freiheit des Handelns, auf der anderen Seite aber die Freiheit vor Unterdrückung.

Nachdem nun eine Parallele nach der anderen zwischen der Tier- und der Sklavenhaltung aufgezeigt wurde, wird die Frage immer drängender, woran es nun liegt, dass sich jeder Staat auf der Welt heute dafür entschieden hat, Tierhaltung zu erlauben, Sklavenhaltung aber nicht. Offensichtlich fallen die gesellschaftlichen Konsense der Gegenwart so unterschiedlich aus, wie es geht.

Einen grossen Erklärungsbeitrag kann hier sicher die politische Ökonomie leisten, die zur Erklärung politischer Entscheidung ihren analytischen Schwerpunkt auf die Frage richtet, wer von den Entscheidungen jeweils profitiert und wer darunter leidet.

Letzterer Teil der Frage ist bei Tier- und Sklavenhaltung recht schnell zu beantworten: Die Leidtragenden sind jeweils Jene ohne eine Stimme im System, also die Sklaven, die nicht abstimmen dürfen, und die Tiere, die nicht abstimmen können. Aufgrund dieser Konstellation spielte und spielt die Empathie in den politischen Prozessen eine sehr übergeordnete Rolle. Denn ein Ende der Ausbeutung kann jeweils nur mit Unterstützung von Personen zustande kommen, die nur indirekt leiden.

Dies führt uns zu der Frage, wer die Nutzniesser der beiden Systeme Tier- und Sklavenhaltung sind bzw. waren. Der amerikanische Historiker Eugene Genovese hat darauf hingewiesen, im Falle der Sklavenhaltung sei dies selbst in den Südstaaten stets nur eine winzige Minderheit der (weissen) Bevölkerung gewesen, die direkten Nutzen von der Sklavenhaltung gehabt habe. Natürlich kann argumentiert werden, über niedrigere Produktionskosten sei jeder Zucker- oder Baumwollkonsument ein Nutzniesser der Sklavenhaltung gewesen. Doch da die ökonomische Effizienz der Sklavenhaltung unter Wirtschaftshistorikern umstritten ist, sollte dieser Aspekt zumindest nicht überbewertet werden. Betrachtet man heutige prekäre Beschäftigungsverhältnisse, sieht man leicht, dass Billigproduktion durch Ausbeutung leider eben auch ohne Sklaverei funktioniert.

Somit war der Kreis derer, die von der Sklavenhaltung profitiert haben, immer eher klein. Das kann für das System der Tierhaltung nicht behauptet werden. Tatsächlich gibt es sogar aus der Glücksforschung Ergebnisse, wonach der Konsum von rotem Fleisch und das subjektive Glück positiv korreliert sind. Soweit muss man nicht gehen, aber es ist offensichtlich, dass eine grosse Mehrheit der Bevölkerung mit dem Konsum tierischer Produkte vom Silvesterkarpfen bis zur Weihnachtsgans (um deutsche Traditionen zu nennen) ihr Wohlbefinden vielleicht nicht jeden Tag, aber doch meistens jede Woche spürbar steigert. Und der Impuls, eine Institution abzuschaffen, die zu meinem Wohlbefinden beiträgt, war noch nie besonders ausgeprägt.

Zuletzt sei schliesslich noch der Aspekt der Sichtbarkeit bei den Nutzniessern des jeweiligen Systems genannt, der die Tier- von der Sklavenhaltung unterscheidet und zur Kontinuität der Tierproduktion beigetragen haben mag. Die Sklavenhalter als Profiteure der Sklavenwirtschaft sahen beim Besuch ihrer Plantagen sehr deutlich, ob bzw. in welchem Ausmass die von ihnen gehaltenen Sklaven litten, ähnlich wie der Geschäftsführer eines Schlachthauses die Augen vor dem Leid der Tiere kaum verschliessen kann. Beim Kauf eines Wiener Würstchens dagegen, bei dem man von den Annehmlichkeiten der Tierproduktion profitiert, kann der Käufer die Augen vor dem Leid der Tiere sehr gut verschliessen.

Das führt uns zu der unbestreitbaren Tatsache, dass die öffentliche Meinung, also die Entwicklung des gesellschaftlichen Konsenses zum Umgang mit Tieren, die entscheidende Variable ist, die über die Option einer postletalen Landwirtschaft entscheidet. Ihr soll daher das nächste Kapitel gewidmet sein.

4

Wo der Konsument heute steht

Das marktwirtschaftliche System, in dem wir leben, mag viele Nachteile haben. Ein Vorteil ist aber, dass die menschlichen Konsumbedürfnisse die wirtschaftliche Dynamik bestimmen. Der Markt für FFP2-Masken ist ein Beispiel für die schnellen Möglichkeiten, auf plötzliche Nachfrageänderungen zu reagieren. Und wenn die Menschheit morgen kollektiv beschliessen würde, keine tierischen Produkte mehr zu sich zu nehmen, würde sich das Gesicht der Landwirtschaft sehr schnell und sehr grundlegend wandeln.

Das wird so nicht passieren. Aber der Weg hin zu einer postletalen Landwirtschaft wird stark von den Präferenzen der Konsumenten geprägt werden. Dabei sind durchaus unterschiedliche Präferenzen eines Individuums relevant: Die Marktpräferenzen, die bestimmen, für welche Produkte ich mich beim Einkaufen entscheide, sind nicht immer identisch mit den reflexiven Präferenzen, zu denen ich durch sorgfältiges Abwägen gelange. Und schliesslich bin ich nicht nur Konsument und Denker, sondern auch

S. Mann, *Postletale Landwirtschaft*,
https://doi.org/10.1007/978-3-658-37967-4_4

Stimmbürger. Und so bilden sich aus Markt- und reflexiven Präferenzen schliesslich die politischen Präferenzen, die mein Wahlverhalten beeinflussen. Als Anfang des 21. Jahrhunderts in Deutschland die Agrarwende mit ihrer staatlichen Förderung des Biolandbaus ausgerufen wurde, wurde dies von einer breiten Mehrheit der Bevölkerung unterstützt, auch wenn der Marktanteil der Bio-Produkte nur bei etwa drei Prozent lag. So können also politische Präferenzen und Marktpräferenzen divergieren.

Wie die Wende hin zur postletalen Landwirtschaft implementiert werden wird, ist heute nur schwer absehbar. Sicher werden Marktpräferenzen eine Rolle spielen. Mit dem heutigen Anteil von Veganern von in Mitteleuropa etwa zwei Prozent wird noch keine postletale Transformation stattfinden. Aber vielleicht lässt sich auch dann eine politische Mehrheit für einen Ausstieg aus der Tierproduktion finden, wenn der Anteil von Veganern noch bei unter 50 Prozent liegt?

Dieses Kapitel dient einem tieferen Einblick in die Dynamik des Konsums tierischer Produkte im allgemeinen und des Fleischkonsums im Besonderen. Und dem Konsum und der Verfügbarkeit von Ersatzprodukten.

4.1   Facts & Figures

In Abb. 2.1 wurde bereits deutlich, wie schnell die globale Nachfrage nach Fleisch steigt, vor allem durch die wachsende Nachfrage in Ländern, die sich in den letzten Jahrzehnten einen gewissen Wohlstand erarbeitet haben. Abb. 4.1 hingegen macht klar, dass die Situation in Deutschland fundamental anders ist: statt eines steilen Anstiegs haben wir es hier mit einem langsamen Absenkpfad zu tun. Sowohl in den 1990er als auch in den 2010er-Jahren ist der Pro-Kopf-Jahresverbrauch von Fleisch um jeweils etwa fünf Kilogramm zurückgegangen. Ausserdem illus-

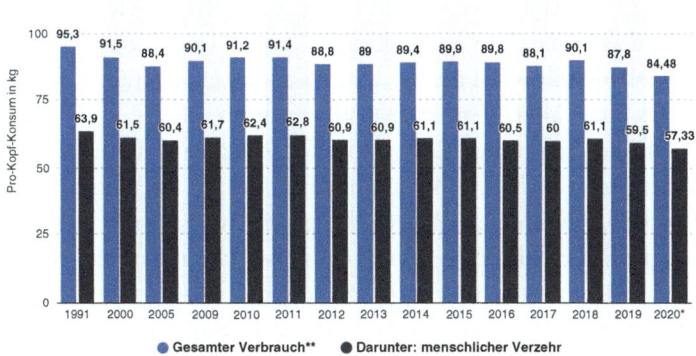

Abb. 4.1 Pro-Kopf-Konsum von Fleisch in Deutschland. (Quelle: www.statista.de)

triert die Abbildung, dass es ein wichtiges Delta zwischen dem Gesamtverbrauch und dem Pro-Kopf-Verzehr gibt, das vor allem den Hunden und Katzen geschuldet ist, deren Fleischanteil in der Ernährung natürlich nahe 100 Prozent liegt.

Viele Details zur Statistik des Fleischkonsums sind für das Verständnis der Dynamik des Verbraucherverhaltens im Kontext der postletalen Landwirtschaft weniger wichtig. So etwa die seit Jahrzehnten ungebrochene Popularität von Geflügelfleisch. Hier hat sich der Konsum zwischen 1991 und 2020 in Deutschland verdoppelt, während vor allem der sinkende Schweinefleischkonsum für den Konsumrückgang von Fleisch insgesamt verantwortlich ist. Sehr ähnlich ist die Situation auch in der Schweiz und Österreich, wobei die Österreicher noch ein paar wenige Kilogramm Fleisch pro Person und Jahr mehr, die Schweizer ein wenig weniger Fleisch essen.

Entscheidender ist schon, wer wo wann warum wieviel Fleisch ist. Die meisten soziodemografischen Merkmale sind dabei erstens kaum entscheidend und zweitens auch von Land zu Land unterschiedlich. Schwarze in den USA essen mehr Fleisch als Weisse, Schwarze in Südafrika weniger. Ein international und über die Zeit sehr stabiler Unterschied ist aber das Geschlecht: Männer essen etwa doppelt so viel Fleisch wie Frauen. Umgekehrt stellen Frauen rund drei Viertel aller Vegetarier und Veganer.

Ein solch stabiler Unterschied kann grundsätzlich zwei verschiedene Ursachen haben: eine soziale oder eine biologische. Eine soziale Begründung wäre, dass schon kleinen Kindern beigebracht wird, dass zwischen Frauen-Nahrungsmitteln (Ernährungssoziologen führen hier etwa Lindenblütentee und Sushi an) und Männer-Nahrungsmitteln wie Steak unterschieden wird und sich die Menschen den gesellschaftlichen Erwartungen anpassen. Biologisch begründet wäre der Unterschied hingegen dann, wenn die Unterschiede im Stoffwechsel zwischen Männern und Frauen zu Unterschieden in den Präferenzen führen würden.

Der heutige Wissensstand erlaubt zu dieser Frage keine abschliessende Antwort. Der man aber doch immerhin näherkommen kann, wenn man das Alter als Variable mit in die Betrachtung einbezieht. Denn gerade sekundäre Geschlechtsmerkmale werden ja erst im Laufe der Jahre herausgebildet. Als erstes sekundäres Geschlechtsmerkmal, das sich herausbildet, gilt dabei das Längenverhältnis von Zeige- zu Ringfinger. Hier sind die Unterschiede ab dem fünften Lebensjahr zu beobachten. Mit der Pubertät setzen dann weitere Unterschiede etwa in der Behaarung oder dem Brustwachstum ein. Im hohen Alter scheinen sich Männer und Frauen dann wieder ähnlicher zu werden.

Anhand eines US-amerikanischen Datensatzes zum Individualkonsum innerhalb von 48 Stunden kam mein Freund und Kollege Christian Ritzel auf die Idee, die Geschlechtsunterschiede im Fleischkonsum nach Altersklassen zu analysieren. Das Ergebnis ist in Abb. 4.2 zu sehen. In der ersten Altersklasse zwischen null und vier

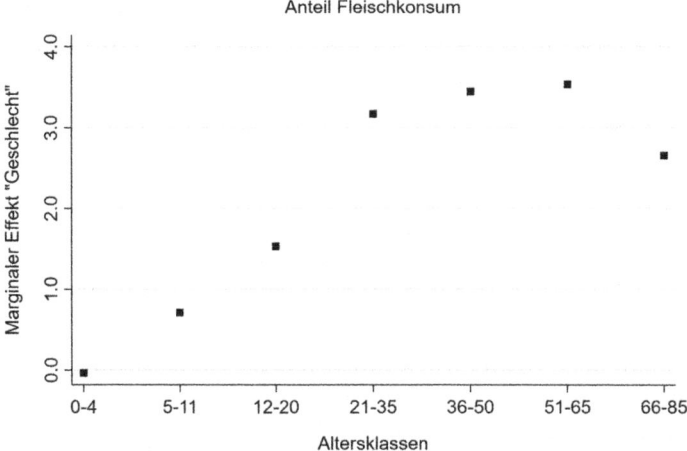

Abb. 4.2 Unterschied zum Anteil des Fleischs am Konsum zwischen Männern und Frauen. (Quelle: Christian Ritzel)

Jahre gibt es zwischen Jungen und Mädchen keine Konsumunterschiede von Fleisch. Diese entwickeln sich erst in der Altersklasse 2 (5–11) und 3 (12–20). In der Zeit des aktiven Erwachsenen, also in den Altersklassen 4 (21–35 Jahre) bis 6 (51–65) ist der Unterschied zwischen männlichem und weiblichem Fleischkonsum am ausgeprägtesten, bevor er in der letzten Altersklasse (66–80) wieder etwas zurückgeht.

Ein typisches Beispiel für sozial induzierte Unterschiede zwischen Geschlechtern ist zum Beispiel die rosa Farbe, in die Mädchen gekleidet sind (bzw. zumindest früher waren), bzw. die blaue für Jungen. Die Ausprägung dieses Unterschieds entwickelt sich jedoch nicht parallel zu den sekundären Geschlechtsmerkmalen. Wahrscheinlich spielt diese Unterscheidung in den ersten Lebensjahren sogar eine besonders grosse Rolle. Der Unterschied im Fleischkonsum dagegen entwickelt sich in dem analysierten amerikanischen Datensatz stark parallel zur Ausprägung der sekundärgeschlechtlichen Merkmale. Je grösser der körperliche Unterschied zwischen den Geschlechtern ist, desto grösser ist der Unterschied im Fleischkonsum. Daher liegt die Vermutung nahe: Dass Männer so viel mehr Fleisch als Frauen essen, ist zumindest teilweise biologisch bedingt. Der männliche Appetit auf Fleisch liegt vielleicht irgendwo in den Genen.

Es ist nicht ganz leicht, realistische Daten zur Höhe des Vegetarismus und Veganismus zu bekommen. Die Versuchung, sich in Umfragen als Vegetarier zu bezeichnen, scheint auch dann gross zu sein, wenn man gelegentlich ein Würstchen verzehrt. Doch es ist unübersehbar, dass der Anteil an Vegetariern und Veganern in der europäischen Kultur derzeit stark zunimmt. Der Energieanbieter vegawatt geht davon aus, dass sich in Deutschland täglich 2000 Personen auf vegetarische und 200 Personen auf vegane Ernährung umstellen. Das fleischfreie und insbesondere auch das vegane Segment ist dabei jünger als der Rest der Bevölkerung.

Gemessen an dem deutlichen Trend zum Abschied aus dem Konsum tierischer Produkte ist der Pro-Kopf-Verbrauch an Fleisch, wie er in Abb. 4.1 zu sehen ist, nicht besonders stark gesunken. Mit meiner rumänischen Kollegin Raluca Necula zusammen haben wir daher für eine etwas detailliertere Analyse schweizerische Haushaltsdaten unter die Lupe genommen. Und dabei festgestellt: über die Jahrzehnte hat sich beim Pro-Kopf-Konsum von Fleisch nicht so viel verändert wie bei der Verteilung des Fleischkonsums zwischen den Konsumentinnen und Konsumenten. Praktisch bedeutet das: Die sogenannte Streuung wird immer grösser. Aufmerksamkeit verdienen nämlich nicht nur die Veganer und Vegetarier, sondern auch das Segment der stärksten Fleischesser. 1990 brachten es die Top-Fleischkonsumenten noch auf zehn Kilogramm pro Monat, zwanzig Jahre später hatte sich diese Zahl schon verdoppelt (Abb. 4.3). Hank Rothgerber, ein Psychologe mit dem Spezialgebiet des Fleischkonsums, sieht auch eine solch entschlossene Tendenz in die „falsche" Richtung des Mehrkonsums als einen Weg, die kognitive Dissonanz beim Fleischkonsum aufzulösen. Die kognitive Dissonanz, also das unangenehme Gefühl aufgrund eines Widerspruchs zwischen unvereinbaren Gedanken, beschreibt, sehr ähnlich wie der Begriff des Fleisch-Paradoxes, unserem Kampf zwischen dem Hunger auf Fleisch und der Liebe zu Tieren.

Doch bevor wir auf das Thema der kognitiven Dissonanz zu sprechen kommen, noch ein Wort zum Ort der Nahrungsaufnahme. Der oben beschriebene US-amerikanische Datensatz wurde auch für eine statistische Analyse zu der Frage verwendet, ob zwischen dem Konsum ausser Haus und dem Konsum von Fleisch ein Zusammenhang besteht. Der Anfangsverdacht war dabei, dass insbesondere Fast-Food-Ketten, aber durchaus auch viele High-End-Restaurants in den USA durch eine einseitige Auswahl

Abb. 4.3 Monatlicher Pro-Kopf-Verbrauch der 10 % Höchstverbraucher von Fleisch. (Quelle: Raluca Necula)

Tab. 4.1 Zusammenhang zwischen Ausser-Haus-Konsum und Fleischkonsum. (Quelle: Christian Ritzel)

Variable/item	Klasse 1 (31,0 %)	Klasse 2 (6,5 %)	Klasse 3 (62,5 %)
Anteil Fleischkonsum (in %)	20,1	52,6	15,9
Anteil heimischer Verzehr (in %)	29,0	77,9	86,9

fleischbetonter Gerichte ihre Kunden zum Fleischkonsum verleiten.

Tab. 4.1 zeigt mittels der Bildung in sich homogener Gruppen in Bezug auf die Merkmale „heimischer Verzehr" und „Fleischkonsum", dass der Grundverdacht nicht wirklich berechtigt war. In den USA wird noch einmal deutlich mehr Fleisch gegessen als in Mitteleuropa. Trotzdem ist auch in diesem Kontext beachtlich, dass es ein (wenn auch kleines) Segment gibt, das über die Hälfte seiner Ernährung aus Fleisch bestreitet, und das zu fast 80 Prozent zuhause. Der „bad guy" ist damit nicht McDonalds, sondern die Verbraucher selbst.

So erhalten wir durch einen sorgfältigen Blick in die Statistik ein halbwegs umfassendes Bild unserer heutigen Position beim Fleischkonsum: Die Akzeptanz nimmt eher etwas ab. Aber wir haben eben nicht nur die junge Frau, die sich mittlerweile zuhause vegan bekocht, sondern auch noch den Mann, der eher einen Burger mehr als früher isst, ebenfalls in den eigenen vier Wänden.

4.2 Die öffentliche Meinung

Heute ist die Entscheidung für oder gegen den Konsum tierischer Produkte eine rein individuelle Entscheidung. Dieses Buch hingegen wurde geschrieben, weil sich das eines Tages ändern könnte bzw. nach Ansicht des Autors in absehbarer Zeit ändern wird. Dass die Zeit dafür heute jedoch noch nicht reif ist, zeigt die Geschichte der Universitätsmensa Luzern. Die im Sommer 2021 auf ein rein vegetarisches Angebot umstellte. Für die Studenten, die mittags weiter Fleisch essen wollten, stand ein Imbisswagen vor der Mensa, der ein fleischhaltiges Angebot bereithielt.

Doch das war nicht genug. Die Medienplattform nau.ch machte eine Umfrage zu diesem Schritt der Luzerner Mensa und registrierte 20 Prozent Zustimmung und 80 Prozent Ablehnung. Die Umfrageteilnehmer hatten die Möglichkeit, ihre Meinung auf der Website auch verbal zu artikulieren. Auch dabei überwogen eindeutig die negativen Voten. Laura etwa schrieb: „Der Mensch braucht Fleisch. Das ist Natur und kann nicht geändert werden. Die Veganer müssen derart viele Chemie Zusatzstoffe essen dass es einem schlecht wird. Die sehen eh immer kränklich aus.". Und Lara legte nach: „Niemand hat das Recht zu bestimmen was andere Essen und es gibt auch kein Gesetz dafür. Ich habe also das Recht Fleisch zu essen. Diese Aktion ist eine diktatorische Bevormundung von ein paar wenigen militanten Esoterikern in einer Uni Leitung!" Und keine drei Monate nach erfolgter Umstellung wählte die Mensaleitung einen eleganten Ausstieg aus ihrer Entscheidung: Der Wagen vor der Mensa werde für die Corona-Impfkampagne benötigt, und so werde man das Fleischangebot wieder in die Mensa zurückverlagern.

Berliner werden nun vielleicht an ihre Veggie-Mensa 2.0 als Gegenbeispiel denken. Hier gelang einer Mensa der Technischen Universität die Umstellung sogar auf vegane Kost, ohne dass es zu nennenswertem Gegenwind gekommen wäre. Der Unterschied war dabei jedoch weniger die Mentalität der Berliner im Gegensatz zu der der Innerschweizer, sondern vor allem das Angebot von an die 40 verschiedenen Mensen in Berlin. Ein Berliner Student auf der Suche nach einem Fleischmenü in Mensa-Preislage litt keinerlei Nöte, während sich ein solcher Student in Luzern zumindest in den Aussenbereich verbannt sah.

Dass es nicht gut ausgeht, wenn man versucht, aus der individuellen Entscheidung gegen Fleisch eine kollektive zu machen, mussten auch die deutschen Grünen bei der Bundestagswahl 2013 feststellen. Ihr Programmbeschluss, jede öffentliche Kantine solle einen vegetarischen Tag pro Woche haben, führte erst zur Bild-Schlagzeile „Grüne wollen Fleisch verbieten" und dann mit zu einem schlechten Wahlergebnis von 8 Prozent.

Es scheint einen krassen Gegensatz zu geben zwischen dem in Kap. 3 beschriebenen, erstaunlich breiten Konsens zwischen Ethikern, dass das Töten von Tieren für ihren Verzehr ethisch nicht vertretbar ist, und einem gesellschaftlichen Konsens, dass Fleischessen erlaubt ist. Meiner Ansicht nach ist es für das Verständnis dieser Situation entscheidend, auf drei wichtige Phänomene einzugehen, die ich als gesellschaftliche Übersetzungsfehler bezeichnen würde.

Führt man in der westlichen Welt Umfragen durch, in denen gefragt wird, ob das Töten von Tieren zur menschlichen Ernährung legitim ist, antworten etwa 70 Prozent der Befragten mit ja. An dieser Stelle stellt sich natürlich die Frage, ob diese 70 Prozent bessere Argumente haben als die in Kap. 3 zitierten Ethiker. Die Aussagen von Lara und Laura oben lassen es schon erahnen, und im folgenden Abschnitt wird es noch einmal deutlicher: diese Argumente scheint es auch ausserhalb der professionellen Ethik nicht zu geben. Sätze wie „Der Mensch hat schon immer Fleisch gegessen" oder „Dafür sind ja unsere Schneidezähne da" sind zwar korrekt, taugen aber nach allem, was in unserer heutigen Gesellschaft Konsens ist, nicht zur moralischen Abwägung. Wenn Peter Singer 1999 resigniert feststellte, dass sein Buch nicht zu einem sinkenden Fleischkonsum führte, dann liegt das eher an Kommunikationsbarrieren zwischen Ethikern und Gesamtbevölkerung als an der Insuffizienz der ethischen Überlegungen. Hier gibt es also ein ethisch schwerwiegendes Übersetzungsproblem.

Dann gibt es aber auch ein umfangreicheres Delta zwischen den 30 Prozent, die das Töten von Tieren für die menschliche Ernährung für illegitim halten, und dem Anteil von Vegetariern, der in den meisten westlichen Ländern um die zehn Prozent liegt. Zwanzig Prozent der Menschen in der westlichen Welt handeln also gegen ihre eigene Überzeugung. Befördert wird dieser Übersetzungsfehler sicher durch den breiten gesellschaftlichen Konsens, dass, wie Laura oben schreibt, Fleisch essen nicht verboten ist, und ermöglicht wird es durch den grossen Appetit vieler Menschen auf Fleisch. Ich hatte bereits erwähnt, dass ich als Mitglied dieser Gruppe von ihren Nöten weiss.

Das dritte Übersetzungsproblem besteht zwischen den etwa zehn Prozent Vegetariern und den etwa zwei Prozent Veganern. Diese Lücke von acht Prozent tröstet sich gerne damit, dass zur Milch- und Eierproduktion kein Tier getötet werden muss. Oben wurde bereits dargelegt, dass für die heutige Milch- und Eierproduktion aber immer getötet wird – männliche Jungtiere meist früher, die weiblichen Tiere aus Produktionsgründen etwas später, wenn auch noch sehr lange vor ihrem biologischen Ende. Sicher spielt sowohl Unwissenheit als auch der gut funktionierende Verdrängungseffekt bei diesem Übersetzungsproblem eine Rolle.

Es ist jedoch ein Phänomen von Übersetzungsfehlern, dass sie früher oder später behoben werden, wenn ausreichend Zeit für solche Prozesse zur Verfügung steht. Lügen haben kurze Beine. Und wenn unser heutiger Konsum tierischer Produkte derzeit auf Übersetzungsfehlern beruht, dann gibt es gute Gründe für die Annahme, dass ihm nicht mehr allzu viel Zeit beschieden ist.

4.3   Leise Töne

Helene Renaux, Studentin der Agrarwissenschaften an der ETH Zürich, gehört zu den 20 Prozent der Bevölkerung, die Fleisch mit Appetit, aber nicht aus Überzeugung essen. Und interessierte sich auch deshalb für das Delta zwischen Überzeugung und Verhalten. Sie entschied sich, ihre Masterarbeit, in Zusammenarbeit mit mir, dem Thema des Fleischkonsums zu widmen. Nicht in Form einer weiteren Umfrage zum Thema, die doch meistens eher an der Oberfläche bleiben muss, sondern in Form von etwa einstündigen Interviews mit Fleischessern. Da der Konsum von Fleisch stärker ein männliches als ein weibliches Phänomen ist bzw. zu sein scheint, traf sich Helene mit fünf Fleisch essenden Männern in der Schweiz und befragte sie zunächst allgemein zum Thema Fleisch. Wenn die Antwort darauf zu allgemein ausfiel, fragte sie weiter nach dem persönlichen Fleischkonsum. Und erst, wenn dann die Antworten nur um Lieblingsrezepte kreisten, fragte Helene auch danach, warum der Gesprächspartner kein Vegetarier sei. Dies war ein Kompromiss gegen die Auslassung des Themas einerseits und eine moralische Vorgabe, die die Antwort zu sehr beeinflusst hätte.

Ende des 20. Jahrhunderts wurde im Umfeld des Frankfurter Soziologen Ulrich Oevermann die Methode der objektiven Hermeneutik entwickelt, die zur gründlichen Analyse von Textsequenzen diente. Aus einem Minimum an empirischem Material wurde durch eine gemeinsame mikroskopische Auswertung ein Maximum an Schlussfolgerungen gezogen. Mit dieser Methode analysierten Helene, Kollegen und ich die interessantesten Sequenzen aus den Interviews.

Es ist aufschlussreich zum heutigen moralischen Stand des Fleischkonsums, in die fünf behandelten Fälle mit jeweils einer kurzen Sequenz einzutauchen und so eine gewisse Bandbreite im Umgang mit dem Fleischkonsum kennen zu lernen. Die Fälle sind dabei nach Schwere der kognitiven Dissonanz geordnet, die mit dem Fleischkonsum verbunden ist. Leser mit wenig Interesse an individuellen Begründungsstrategien für den Fleischkonsum sind aber auch eingeladen, gleich mit Abschn. 4.3.6 weiterzumachen.

4.3.1 Verwischte Normativität

T, ein 59-jähriger Kleinunternehmer und Strassenbahnfahrer, qualifiziert sich aufgrund seiner wenig ambivalenten Haltung zum Fleischkonsum als erster Fall. Bei ihm hatte Helene zunächst Schwierigkeiten, ihn für das Interview überzeugen. Als er jedoch von anderen hörte, die sich auch bereiterklärt hätten, stimmte er schliesslich zu. Das Interview ist geprägt von T's Hang, vom Thema abzuschweifen. Die ausgewählte Sequenz entstammt dem letzten Teil des Interviews, in dem er betont, dass eine vegetarische Ernährung ebenso wenig für ihn infrage kommen würden wie Fleischsubstitute.

Helene: *Weil Du es zu gerne isst? Oder wieso?*

T: *Es gehört sich, ich weiss nicht, ich habe einfach gerne ein Stück Fleisch, ich finde das gut, das ist für mich ein Genuss, es ist jetzt nicht einfach, ja ich muss jeden Tag. Es gibt solche die müssen jeden Tag. Das muss ich jetzt nicht haben. Es könnte auch sein, dass ich das eine ganze Woche jetzt nicht esse.*

Helene: *Mhm.*

T: *Also ich kann gut auch verzichten darauf einmal. Aber ich habe es einfach und dann nehm ich es.*

Wie jede Frage, öffnet auch die Eingangsfrage dieser Sequenz einen Möglichkeitsraum von Antworten. In diesem Fall suggeriert Helene bereits einen Grund, nicht Vegetarier zu werden. Aus zwei Gründen kann T diese Frage als provokativ empfinden. Erstens ist ja das Für und Wider des Fleischkonsums eine Frage, die oft moralisch beantwortet wird. Demgegenüber legt die Frage nahe, dass reiner Hedonismus für T's Fleischkonsum verantwortlich sein könnte. Der andere Grund ist die Verwendung des Wortes „zu", das ja in sich bereits eine normative Konnotation enthält. Helene könnte zum Ausdruck bringen wollen, dass die Sympathie für Fleisch schon an sich etwas Schlechtes ist, zumindest ab einem gewissen Grad. Diese Anforderung, den eigenen Fleischkonsum zu „verteidigen" wird durch den Zusatz „oder wieso" noch verstärkt. Jedes „wieso" verlangt nach einer Rechtfertigung, und so wird die starke Forderung nach einer moralischen Rechtfertigung des Fleischkonsums offensichtlich.

Dieser Anspruch scheint mit T's „es gehört sich" erfüllt zu werden, denn dieser Ausdruck ist ja ein Prototyp normativer Einordnung und beschreibt den Kanon regelkonformen Verhaltens. Wenn also nun die Gegenthese (zur impliziten These des unmoralischen Fleischkonsums der Interviewerin) aufgestellt wird, dass der Fleischkonsum zum guten Benehmen dazugehört, so wäre danach zu erwarten, dass dies in irgendeiner Weise begründet oder unterlegt wird. Dies geschieht jedoch nicht. Stattdessen wird ein Ausdruck für Nichtwissen geäussert. Umgangssprachlich ist dieser Ausdruck sehr gängig in Situationen, in denen die Möglichkeit des eigenen Irrtums oder Unsicherheit eingeräumt werden soll. In diesem Kontext wird der Begriff jedoch lediglich dafür genutzt, um sich schnellstmöglich aus dem Bereich der Normativität zu verabschieden. Und so bleibt die These, der Fleischkonsum sei Teil der guten Sitten, unbegründet.

Stattdessen folgt eine Sequenz von drei Aussagen, die T's Sympathie mit dem Verzehr von Fleisch beschreiben. Davon ist die erste vielleicht die interessanteste, weil sie drei zusätzliche Informationen enthält. Erstens der Zusatz des Wortes „einfach". Der verleiht dem Gesagten mehr Nachdruck und enthebt es in gewissem Sinne der Verhandelbarkeit. Zweitens sticht ins Auge, dass T das Fleisch gerne hat, nicht gerne isst. Dies lenkt die Aufmerksamkeit weg vom biologischen Stoffwechselprozess, denn wenn man etwas lediglich gerne hat, verändert man es meistens nicht. Und drittens schliesslich ist das Objekt von T's Begierde auch nicht Fleisch, sondern lediglich ein Stück Fleisch. Diese Tendenz zur Abstraktion ist etwas, das man bereits aus der Sprache des Krieges kennt. Tatbestände werden leichter erträglich, wenn sie etwas weniger konkret vorgestellt werden. Und an einem Stück Fleisch klebt gefühlt weniger Blut und Leid als einfach an Fleisch. Diese Akte der Einordnung der eigenen Präferenz sorgen dafür, dass die beiden Paraphrasierungen im Anschluss (*„ich finde das gut, das ist für mich ein Genuss"*) schlichter und direkter formuliert werden können. Hier ermöglicht sich T nun ganz subjektiv und hedonistisch zu sein.

Im nächsten Satz wird dieser Hedonismus nun in Kontrast zur Sucht gestellt. Dabei benutzt T eine Diktion der Auslassung, wie sie vor allem in sexueller Sprache üblich ist („ich muss jeden Tag"). Dies ist kein Zufall, sondern deutet auf zwei Parallelen zwischen Fleischgenuss und sexueller Praktik hin: Sucht ist die Parallele, auf die T implizit referenziert; eine zweite könnte die Schuld sein. „Fleisch essen" mag ebenso vermieden werden zu explizieren wie „Sex haben", da beides in eine Zone gesellschaftlicher Tabus und moralischer Beladenheit fallen mag.

Gegen Ende der Phrase unterstreicht T seine Nicht-Sucht. Wieder wendet er dafür drei Sätze auf. Im ersten setzt er sich gegen die Gruppe der Süchtigen ab. Im zweiten

Satz wird dies illustriert, indem er die Möglichkeit anführt, das unausgesprochene Objekt (der Begriff des Fleisches wird noch vermieden) eine ganze Woche lang nicht zu sich zu nehmen. Und der dritte Satz wird verwendet, um die Leichtigkeit zu betonen, mit der auf den Fleischkonsum bei einer Mahlzeit („einmal") verzichtet wird, was sehr viel weniger hypothetisch klingt als der Verzicht über eine gesamte Woche.

Der letzte Satz der Sequenz betont ein weiteres Mal, dass eine ernsthafte normative Position zum Fleischkonsum bewusst vermieden wird, auch wenn weiterhin von „es" statt vom Fleisch die Rede ist. Nicht die moralische Unbedenklichkeit, sondern die Verfügbarkeit von Fleisch ist die hauptsächliche Voraussetzung dafür, es zu „nehmen". Auch wenn es wörtlich gesehen unmöglich ist, etwas zu nehmen, was man bereits hat, wird die Position von T gegenüber dem Fleischkonsum hier offensichtlich. Bis auf die beiden Tatsachen, dass Fleisch verfügbar ist und es T schmeckt, braucht es keine weitere Rechtfertigung seines Konsums. Und so gelangt T in der Sequenz von einer Position, die Normativität vorgibt heranzuziehen („es gehört sich") zu einer Position frei von jeder Normativität.

4.3.2 Betonung des Hedonismus

Das Interview mit I ist das einzige, dessen Transkript nicht vom Schweizerdeutschen übertragen wurde, sondern auf hochdeutsch geführt wurde, denn I ist ein 30jähriger Ungar, der an einer Schweizer Universität in Statistik promoviert, und sich in der Schweiz auf hochdeutsch verständigt. I möchte während des Interviews herausfinden, wie denn Helene zum Fleischkonsum steht, worüber sie aber erst am Ende des Interviews sprechen. Die folgende Sequenz entstammt dem mittleren Teil des Interviews:

Helene:	*Ja. Du hast jetzt schon so voll vieles gesagt. Wie ist es dann für Dich selber? Was bedeutet für Dich Fleisch? (…) Oder wie konsumierst Du Fleisch im Alltag so um konkret zu bleiben?*
I:	*Also ich mag Essen generell. Ich würde mich jetzt, also ich mag auch Fleisch. Ich bin(…), ich kann die Argumente von, ja es ist nicht gerade umweltfreundlich, verstehen, ehm. Ich würde jetzt auch in der Mensa, oder sonst wo auch Fleischgerichte essen, aber es ist nicht so, dass ich unbedingt Fleisch essen muss. Also wenn es eine gute Alternative gibt, kann ich es auch essen und wählen und manchmal ist es gut.*

(…) = längere Pause

In dieser Sequenz nimmt die Eingangsfrage einen deutlich breiteren Raum ein als in der ersten Sequenz. In einem Interview, das sich ja dadurch definiert, dass der Befragte „vieles sagt" mag die Bemerkung Helenes deplatziert erscheinen. Sie mag aber den impliziten Vorwurf beinhalten, dass die Menge des Gesagten in keinem ausgewogenen Verhältnis zum dabei transportierten Inhalt steht. Ihre beiden Folgefragen zeigen beide, dass sich Helene mehr persönliche Informationen wünscht. Doch während die erste Frage eher auf den emotionalen Aspekt abzielt („Wie ist es?"), hat die zweite Frage eine stark philosophische Komponente.

All das resultiert jedoch nicht in einer unmittelbaren Antwort. Obwohl wir erfahren haben, dass I gerne spricht, scheint dies zu einem jähen Ende zu kommen, sobald es persönlich wird. Hierauf gibt es keine Antwort, bis Helene eine neue Frage stellt. Bei der das „wie konsumierst Du" deutlich technischer beantwortet werden kann, als die zuvor gestellten Fragen. Somit wird I von der Aufgabe ent-

lastet, über das Selbst und dessen Beziehung zum Fleischkonsum nachzudenken.

Nichtsdestoweniger gibt I nun Auskunft über seine
persönliche Präferenz, aber zunächst in einer Weise, die sich
auf das Thema Fleisch gar nicht bezieht. Das Eröffnungs-
wort „also" deutet dabei darauf hin, dass es eine allgemeinere
Einordnung braucht, damit I sich verständlich machen
kann. Dieser Kontext besteht darin, dass I „Essen generell"
mag. Warum könnte das für die ihm gestellte Frage zum
Fleischkonsum relevant sein? Wahrscheinlich, weil es einerseits die Bedeutung des Genusses für das Konsumverhalten
gegenüber anderen Faktoren hervorhebt und die Bedeutung
des Fleisches dabei ein wenig in den Hintergrund rückt.

Nach dieser Einführung wird es etwas unübersichtlicher.
Nachdem wir erfahren haben, dass Fleisch von der Regel,
dass I Essen mag, keine Ausnahme darstellt, fallen zwei un-
beendete Sätze ins Auge. „Ich würde mich jetzt" ringt offenbar um eine Art der Selbst-Identifizierung, und es wäre in
unserem Kontext erwartbar, dass es sich hier um eine Selbst-
charakterisierung als Nicht-Vegetarier handelt, da I nach
seiner Haltung zu Fleisch, das er mag, gefragt wurde. Doch
I vermeidet eine solche Selbst-Einordnung. Und nach der
Aussage, dass er Fleisch mag, passiert fast das gleiche noch-
mal. „Ich bin" ist der klassische Beginn einer Selbst-
Charakterisierung. Es scheint jedoch einen Grund zu
geben, weshalb I davor zurückschreckt, sich in die Gruppe
der Omnivoren einzuordnen.

Ein möglicher Grund dafür wird aus dem Folgetext er-
kennbar. Nach dem rein emotionalen Teil über Essen, das
zu Genuss führt, folgt ein rein kognitiver Teil. I möchte
dabei nicht selbst argumentieren, dass Fleischkonsum der
Umwelt schadet. Er ist lediglich bereit, ein gewisses Verständnis für jene zu äussern, die diese Argumentation vertreten, genauer gesagt, die mit einem „Ja" wiederum dritten

zustimmen, die offenbar die Position haben, dass Fleischkonsum „nicht gerade umweltfreundlich" ist. Die für I offenbar bestehende Notwendigkeit, auf die ökologischen Effekte des Fleischkonsums einzugehen, erfolgt so auf die indirekteste Art, die man sich vorstellen kann.

Aus dieser unangenehmen Aufgabe befreit sich I schliesslich, indem er Helenes Frage nach seinem persönlichen Konsum beantwortet. Dabei möchte I nicht darüber sprechen, dass er in der Mensa Fleisch ist. Er bevorzugt hier zwei Abschwächungen. Erstens „würde" er diese Wahl lediglich treffen, und zweitens wandelt er das Fleisch aus Helenes Frage in Fleischgerichte um. Das ist eine klare Parallele zu T, der das Fleisch in das „Stück Fleisch" umwandelte. Beide benötigen offenbar ein wenig kognitive Distanz zwischen ihnen und dem von ihnen verzehrten Fleisch.

Die offenkundigen Parallelen zu T setzen sich fort, wenn I nun erklärt, dass er nicht süchtig nach Fleischkonsum ist. Im letzten Satz der Sequenz nimmt I dann noch eine Wendung, die etwas mehr Licht auf seine Nicht-Sucht nach Fleisch wirft. Er kann (ohne dass wir erfahren, ob I es auch tut) auch eine Mahlzeit wählen (und am Ende sogar essen), die sich nur dadurch definiert, dass sie eine Alternative zur Fleischmahlzeit ist. All das geht nur unter der Voraussetzung, dass diese Alternative gut ist. Und selbst dann wird das Qualitätsversprechen offensichtlich nicht immer eingelöst, denn nur in manchen Fällen ist die „gute Alternative" dann auch tatsächlich gut.

4.3.3 Unbegrenzte Freiheit

Während Helene T und I vor den Interviews bereits kannte, trifft das auf den Interviewpartner S nicht zu, und auch die Tatsache, dass S sich aus Gründen der Corona-Pandemie für das Tragen einer Maske während des Interviews entscheidet, trägt zu einer etwas distanzierteren Atmosphäre bei. S ist ein 24jähriger Student der Finanzwirtschaft, der sich in der Freien Demokratischen Partei der Schweiz engagiert.

Helene: *Und darum habe ich vorher so die Frage gestellt gehabt, wieso, also wie aufgrund von welchen Entscheidungen oder welchen Faktoren entscheidest Du Dich dann, Fleisch zu wählen, wenn Du unterschiedliche Optionen hast oder mhh was macht es das Du eben bei diesem Metzger Fleisch kaufen gehst?*

S: *Mhm*

Helene: *Ja.*

S: *Ja es ist echt eine gute Frage, und ich habe mir das schon ein paarmal überlegt, aber ich komme nicht so auf eine schlaue Antwort. Wahrscheinlich so drei Sachen. Erstens ich glaube es fällt dem Menschen einfach generell schwer sich von Gewohnheiten zu trennen, glaube ich. Das ist bei mir definitiv der Fall bei mir, wenn ich mich an etwas gewöhnt habe, habe ich Schwierigkeiten um mich davon zu lösen. Ich glaube das ist sicher etwas, das mein Verhalten in dem Bereich beeinflusst. Vielleicht nicht so stark. Zweitens, glaube ich, ist es trotz allem für mich immer noch ein Genuss, ein Stück Fleisch essen zu können. Ehm, also damit meine ich quasi von der Zubereitung über eh (…) zum Beispiel auch wenn ich Gäste eingeladen habe. Ich finde einfach ein Stück Fleisch ist ein, es tönt so doof, aber ist ein (…) sehr ansprechendes Nahrungsmittel, wenn es entsprechend zubereitet ist. Und der dritte Punkt, der ist bei mir am stärksten, ehm, der dritte Punkt, der beeinflussen würde, oder der ein Grund wäre warum ich weiterhin nicht auf Fleischkonsum verzichten möchte, der ist: ich persönlich tue mich nicht gerne einschränken.*

Hier hat die Eingangsfrage etwas Zwingendes. Ihre Referenz auf „vorher" lässt erkennen, dass dort die Frage nach dem „warum" offenbar unbeantwortet blieb. Helene belässt es nun nicht bei einer Frage, und ihr erstes Fragewort „wie" wird auch gleich paraphrasiert und in unterschiedliche Bestandteile (Entscheidungen und Faktoren) zerlegt. Die Wahlfreiheit von S wird durch die Interviewerin herangezogen, um einen Raum für die Begründung entsprechender Entscheidungen zu schaffen. Und schliesslich macht die Referenz auf „diesen Metzger" deutlich, dass bereits eine Menge Informationen über die praktischen Modalitäten des Fleischkonsums ausgetauscht wurden.

Trotz der klaren Aufforderung zur Beantwortung der Fragen antwortet S lediglich mit einem Mhm, einer Reaktion, die man nach einer Schilderung oder einer Meinungsäusserung erwarten würde, aber nicht nach einer Serie von Fragen. Helenes „Ja" deutet jedoch an, dass sie S nicht von der Beantwortung der Frage entlasten möchte, sondern die Aufgabenstellung quasi nur bestätigt, was in der gegebenen Interviewsituation S gewissermassen unter Zugzwang setzt.

In der schliesslich formulierten Antwort abstrahiert S davon, dass Helene eigentlich zwei recht unterschiedliche Fragen gestellt hatte und deutet so an, dass er die dahinterstehende Kernfrage nach den Gründen des Fleischkonsums durchaus als solche identifiziert hat. Dabei bewertet S die Frage auch sogleich als gut, was üblicherweise auf eine hohe Relevanz der Frage deutet. In ihrer Beantwortung nimmt S nun jedoch eine ungewöhnliche epistemische Position ein.

In den bislang betrachteten Fällen wie auch sonst alltags-
üblich wurde bzw. wird davon ausgegangen, dass ein
Mensch seine Entscheidungen begründen und in ein kon-
sistentes Moral- oder Gedankengebäude einordnen kann.
Davon weicht S deutlich ab, wenn er seine Antwort zur
Begründung des persönlichen Fleischkonsums als nicht so
schlau klassifiziert. Diese Strategie, das eigene Denken vom
eigenen Verhalten zu trennen, wird im Folgenden bei-
behalten, wenn S häufig Wörter wie „wahrscheinlich" oder
„ich glaube" einfliessen lässt. Was die Eigenanalyse betrifft,
spannt S einen Schleier der Unwissenheit, der unsere eigenen Entscheidungen der Sphäre der Rationalität enthebt.
Ja, S konsumiert schon Fleisch, aber über den Grund dafür
gibt es keine Klarheit.

Unter diesem Vorbehalt entwickelt S nun allerdings doch
ein System von drei Gründen zur Motivation seines Fleischkonsums. Sein erster „Glaube", die Macht der Gewohnheit,
wird dabei zunächst in einer entpersonalisierten Form vor-
getragen, bevor S sie auf das eigene Verhalten bezieht, wenn
auch „nicht so stark". Während bereits dieser erste Punkt an
T's These „es gehört sich" erinnert, liegt der zweite Punkt,
der Hedonismus, noch näher an der Argumentation von T
und insbesondere von I. Auch hier ist es das „Stück Fleisch",
aber im Unterschied zu T und I mit einer starken Referenz
auf Gäste. Der Genuss, der S wichtig ist, bezieht hier nicht
nur den olfaktorischen Faktor ein, sondern auch den der
Zubereitungsarbeit für Gäste.

Warum spricht S etwas aus, das in seinen eigenen Ohren
„doof" klingt? Hier wird der Mechanismus der kognitiven
Dissonanz, den Sozialpsychologen oft in Zusammenhang
mit dem Fleischkonsum darlegen, sehr greifbar. Auf der
einen Seite stehen die beschriebenen Facetten des Genusses,
auf der anderen Seite das Wissen, dass es bei der Frage zum
für und wider des Fleischkonsums vielleicht auf mehr ankommt als nur auf den eigenen Genuss.

Der dritte und nach eigener Aussage wichtigste Grund für S, der für den Fleischkonsum spricht, ist jedoch der Unwille, sich selbst zu beschränken, also Liberalismus auf der Stufe des Individuums – ein neuer Aspekt. Dieser Punkt wird in einem recht langen und umständlichen Satz eingeführt. S scheint Wert darauf zu legen, dass seine Liste von Gründen als solche und mit den entsprechenden Nummern und Priorisierungen wahrgenommen wird. Er benennt zweimal, dass es sich um den dritten Punkt handelt, der dann aber als Grund weiterdefiniert wird. Hier gelangen wir wieder zur Frage, inwieweit sich ein Mensch selbst verstehen kann. Trotz aller von S in Anspruch genommenen Unsicherheiten in diesem Punkt, gelang es ihm doch, drei Gründe für seinen Fleischkonsum zu finden.

Indem S den Liberalismus als wichtigsten Grund für seinen Fleischkonsum nennt, hebt er die Fragestellung auf eine neue Ebene. Die Aufmerksamkeit wird weg von der Frage gelenkt, ob das Töten von Tieren zum Zweck der Ernährung gerechtfertigt ist, hin zu der Frage, ob es in der Gesellschaft Einschränkungen des Zulässigen geben sollte. Der Liberalismus versucht dabei, dem Individuum so viele Freiheiten wie möglich zu erhalten. Wäre es um die Frage gegangen, ob der Fleischkonsum in einer Gesellschaft erlaubt sein soll, wäre der Liberalismus wahrscheinlich ein Schlüsselargument dafür. Berücksichtigt man hier auch den Ansatz von S, dass er seine eigenen Entscheidungen nur unzureichend versteht, verhält er sich also etwas wie ein liberaler Staat mit seinen Bürgern. Seine Entscheidungen werden nicht bewertet, sondern es wird ihnen freie Bahn gelassen. So konstruiert S neben einer Persönlichkeit mit einer Präferenz für Fleisch noch eine andere Persönlichkeit, die im Sinne Sigmund Freuds als Über-Ich fungiert und die erste frei gewähren lässt.

4.3.4　Im Regelwerk

R ist ein sechzigjähriger Ingenieur im Ruhestand, der sich stark in sozialen Projekten in seinem Wohnviertel engagiert. Da das Interview dort in einem Strassencafé stattfand, wurde es oft durch vorbeikommende Bekannte unterbrochen. Die folgende Sequenz entstammt dem Anfang des Interviews und ist eine Reaktion von R auf die Bitte, etwas über Fleischkonsum zu sagen. Die Frage wurde hier aufgrund einer umständlichen Unterbrechung des Interviews an dieser Stelle nicht mitprotokolliert.

R:	*Für mich ist Fleisch ein Genussmittel. Ich versuche einerseits Fleisch nur zu kaufen, das heruntergesetzt ist. In der Schweiz produziertes Fleisch, das heruntergesetzt ist, weil es überaltert ist im Geschäft, also, weil es ausläuft im Geschäft.*
Helene:	*Mhhh*
R:	*Das kaufe ich. So habe ich mich beschränkt, dass das Fleisch nicht vernichtet wird, oder? Aber (…) ja sonst ja ich habe Fleisch einfach, ich habe Fleisch gerne, aber ich habe Fleisch nicht mehr gerne wenn es eh, wenn es ehm, (…) ja all so Regeln verletzt, ja. Hast Du keine Fragen mehr (lacht)?!*
Helene:	*Doch, doch.*
R:	*Ist noch schwierig.*

Genussmittel werden im deutschen Wörterbuch der Gebrüder Grimm definiert als Lebensmittel, deren Verzehr weniger der Ernährung als vielmehr dem Genuss dient, und diese Definition hat sich recht gut bis ins heutige Wikipedia gehalten. So beginnt auch diese Sequenz mit einer stark hedonistischen Komponente, die jedoch nach diesem Ein-

gangssatz jäh abbricht und den Aspekt des Genusses keines-
falls vertieft.

Der zweite Satz enthält eingangs ein „einerseits", das
nahelegt, dass mehrere und tendenziell auch sich wider-
sprechende Punkte zu R's Fleischkonsum folgen werden.
Noch interessanter jedoch ist R's Verwendung des Verbes
„versuchen". Üblicherweise beschreibt dies etwas, dessen
Gelingen unsicher ist und bei dem das Scheitern eine veri-
table Möglichkeit ist. Doch woran kann R scheitern, wenn
er versucht, lediglich Fleisch zu kaufen, das abgelaufen ist.
Offenbar gibt es wie bei S ein anderes Selbst, das auch dann
in die Kühltheke greifen möchte, wenn dort nichts Ab-
gelaufenes liegt. Doch anders als S möchte R dieses andere
Selbst nicht frei lassen, sondern kontrollieren.

Obwohl das „andererseits" nicht explizit mit Leben ge-
füllt wird, ist damit wahrscheinlich R's nun geäusserte Präferenz für in der Schweiz produziertes Fleisch gemeint.
Diese zweite Regel erhält jedoch sehr viel weniger Raum in
der Sequenz als die erste Regel zur Rechtfertigung von R's
Fleischkonsum. Der Fokus auf das Fleisch mit abgelaufener
Haltbarkeit wird, nachdem er ausgesprochen wurde, drei
Mal paraphrasiert. Und selbst nachdem Helene ein affirma-
tives „mhhh" murmelt, legt R nochmals nach und be-
kräftigt „Das kaufe ich". Danach folgt dann nicht nur die
Begründung, sondern auch die Bestätigung, dass es hier um
eine Selbstbeschränkung geht.

In der Begründung sticht ins Auge, dass der Aspekt der
Tötung von Tieren umgangen wird. „Rettet" man Fleisch
lediglich vor seinem Verfall, läge ja auf der Hand, dass man
so verhindern möchte, dass durch den eigenen Konsum
Tiere getötet werden müssen. Doch dieser Aspekt wird aus-
gespart. Stattdessen wird die Vernichtung von Nahrung angesprochen, die durch den Konsum abgelaufener Ware verhindert wird. Dies ist bei pflanzlichen Produkten nicht

weniger ein wichtiges Anliegen als bei Fleisch. R beschränkt sich hier jedoch auf Letzteres.

Das „aber", mit dem R's nächster Satz beginnt, könnte in unterschiedliche Richtungen gehen. Es könnte die Vorteile des verhinderten „Vernichtens" betonen, oder es könnte sich der positiven Seite des Fleischkonsums zuwenden. Das, was folgt, legt letztere Variante nahe, wobei R ganz offensichtlich einige Anläufe benötigt, bis er in der ersten Person von seiner Liebe zu Fleisch sprechen kann – einer Liebe, die durch das „einfach" als nicht verhandelbar klassifiziert wird. Im ersten Satz der Sequenz, in der Fleisch als Genussmittel eingeordnet wird, ist das „ich" noch sehr viel stärker abstrahiert.

An dieser Stelle gelangt das „aber" noch zu seiner Komplettierung. Es liegt auf der Hand, das Fleisch kein Subjekt ist, das Regeln einhalten oder verletzen kann. Dieses Bild von einem inhärent guten Fleisch, das aber die Regeln gelegentlich verletzt, wird nun jedoch von R gezeichnet. Damit vermeidet er die Komplexität der realen Wertschöpfungskette, in der es ja durchaus sein kann, dass ein Tier zwar artgerecht aufgezogen wurde, dann aber im Schlachthaus Probleme auftraten. Er vermeidet es damit auch, über die zentrale Rolle von Konsumenten wie ihm in dieser Wertschöpfungskette zu sprechen. Gleichzeitig bleibt aber auch vage, um welche Art von Regeln es sich konkret handelt. Vielmehr wird durch den Zusatz eines „all so" zu den Regeln klargemacht, dass es hier nicht um Details geht.

An dieser Stelle nimmt das Gespräch eine jähe Wendung. Statt etwas über die Regeln zu sagen, die vom Fleisch eingehalten oder auch verletzt werden, macht R durch die Frage nach weiteren Fragen klar, dass er weder weiter über seinen persönlichen Fleischkonsum sprechen möchte, noch über das Regelwerk, dass ihm in der Fleischproduktion vorschwebt. Die Vorstellung von R's Regelwerk scheint sich bereits in seiner blossen Existenz erschöpft zu haben. Nachdem Helene zwar signalisiert hat, dass weitere Fragen noch zur Verfügung stünden, ohne jedoch die nächste Frage zu stellen, motiviert R seine Bitte um weitere Fragen damit, dass „es" schwierig sei. Mit „es" muss hier unzweifelhaft das Thema des Fleischkonsums gemeint sein. Aber dass dieses Thema schwierig ist, ergibt sich aus dem bislang vorgestellten Regelwerk nicht. Die kognitive Dissonanz, die es zu geben scheint, kann oder will R nicht ausformulieren.

4.3.5 Todesbewusstsein

P ist ein 21jähriger Skater, der von der Punk-Kultur fasziniert ist. Als ausgebildeter Einzelhandelskaufmann lebt er von Gelegenheitsjobs. Zum Interview, das von einer gemeinsamen Freundin von Helene und ihm vermittelt worden war, erscheint er mit Maske. Die folgende Sequenz entstammt dem Ende des Interviews, nachdem Helene die Frage gestellt hat, warum P nicht Vegetarier sei. Da die Antwort darauf sehr lang ausfiel, wird hier ein weiteres Mal auf den Einschluss der Frage verzichtet.

P:	*Ich denke mir manchmal so, ja schau, jedes Mal, wenn ich Fleisch esse*
Helene:	*Mhm*
P:	*Ist einfach ein Viech gestorben.*
Helene:	*Ja.*
P:	*Und ich esse das jetzt.*
Helene:	*Ja.*
P:	*Ich kann zwar nichts machen, dass es gestorben ist, aber*
Helene:	*Ja.*
P:	*ich finde das ist schon einmal etwas, einfach diesem Bewusstsein.*

Helene:	*Ja.*
P:	*das ist so ein Viech, das hat gelebt, das ist vielleicht ein mega schönes (…) Schäfli gewesen oder so (lacht)*
Helene:	*Ja, voll, ja.*
P:	*Weiss doch nicht, oder?*
Helene:	*Ja.*
P:	*Wenn Du das denkst, dann, dann (…) keine Ahnung, ist glaube ich automatisch, tust Du Dich ein bisschen anders ernähren, aber weisst Du, keine Ahnung.*

Normalerweise wird die Phrase „ich denke mir manchmal so", die am Beginn der Sequenz steht, verwendet, um einen mehr oder weniger spekulativen Gedanken zu formulieren. Hier wird er jedoch zur Darstellung einer faktenbezogenen Behauptung verwendet. Ganz objektiv ist diese Behauptung falsch, da der Tod eines einzelnen Tieres nicht in unmittelbarem Zusammenhang mit dem Fleischkonsum zu P steht. Im übertragenen Sinne dagegen ist die Feststellung zum Zusammenhang von Tiertod und Fleischkonsum natürlich korrekt, auch wenn sie im Gewand eines beiläufigen Gedankens daherkommt – ein Gedanke, für den mit „ja schau" zunächst die Augen von entweder Helene oder P selbst geöffnet werden müssen. In diesem ersten Satz ist darüber hinaus die Klassifikation des Tieres als „Viech" hervorzuheben, dass in seinem scheinbar abwertenden Ton etwas Schmerz aus der Todesdiagnose und so auch moralischen Druck aus der Feststellung nimmt. Und schliesslich erinnert der Gebrauch des Wortes „einfach" an dieser Stelle an R, der das Wort zur Beschreibung seiner Präferenzen verwendete, und das eben auch an dieser Stelle verwendet wird, um den Tod nicht tiefer diskutieren zu müssen.

Der faktische Fehler in P's Darstellung des Zusammenhangs zwischen Tiertod und Konsum wird mit dem zweiten Satz gewissermassen korrigiert. Denn nun wird ein zeitlicher Zusammenhang hergestellt, der die Tötung explizit vor das Essen setzt. Was wie eine unnötige Dopplung wirkt, macht die logische Abfolge nochmals klarer.

Nach der Klärung dieses Sachzusammenhangs wird er ausgebaut. P nutzt die Trennung von Tötung und Verzehr, um in gewissem Sinne auf seine Unschuld zu plädieren. An dieser Stelle könnte man vermuten, dass der Zusammenhang zwischen Tierproduktion und Konsumentenverhalten in P's Überlegungen noch weiter ausgebaut wird, vor allem da mit dem „zwar" die Grundlage für ein „aber" geschaffen wurde, das aber nun gar nicht genutzt wird. Stattdessen bewegt sich P auf eine Metaebene, indem er seine eigenen Gedanken bewertet. Wenn etwas „schon einmal etwas" ist, dann spricht man meist von einem ersten Schritt einer längeren Prozedur, innerlich oder äusserlich. Damit könnte P durchaus eine bevorstehende Verhaltensänderung andeuten, der ja oft ein Bewusstseinswandel vorausgeht.

Von diesem Ausflug auf die Metaebene (vom Fleischkonsum hin zum Bewusstsein über den Fleischkonsum) bewegt sich P nun wieder in die Situation seines Konsums zurück. Die Gegenwartsform in P's Konsumprozess ist offensichtlich kein Widerspruch dazu, dass das „Viech" nach wie vor „so ein Viech" ist, d. h. seine Individualität ist durch die Schlachtung nicht verlorengegangen. Erst im zweiten Anlauf wird das Leben des geschlachteten Tiers in die Vergangenheit gesetzt. Sprach P anfangs noch recht generisch vom Viech an sich, setzt nun ein Prozess der Individualisierung ein, und das „Viech" wird zum mega-schönen Schäfli. Tatsächlich könnte ja die Tatsache, dem Leben dieses liebenswerten Schafs durch Aufessen ein Ende bereitet zu haben, ein Grund für Trauer sein. Stattdessen lacht P, um den hergestellten Widerspruch etwas aufzulösen.

Die Sequenz endet agnostisch. P wird nach der deutliche Affirmation Helenes klar, dass er den Widerspruch zwischen dem konstruierten Individuum und seinem Fleischkonsum nicht auflösen kann, und so postuliert er Nichtwissen. Und selbst dafür holt er noch Helenes Zustimmung ein („oder?"). Dieser zwar vordergründig inhaltsleere, aber doch intensive Austausch zwischen P und Helene konstruiert Komplizenschaft: es besteht zwar ein tragischer Widerspruch, aber daraus wird keine Anklage gegen P geformt.

P's Ratlosigkeit wird in den letzten beiden Zeilen der Sequenz besonders deutlich. Er möchte gerne aufzeigen, welche Folgen ein solcher Widerspruch zwischen dem sympathischen Schaf und unseren Umgang mit ihm hat. Doch der Satz endet zunächst im Schweigen. Auch danach kommt zunächst ein weiterer Ausdruck expliziten Nichtwissens. Indem P dann auf eine automatische Verhaltensänderung referenziert, nimmt er sich etwas aus der Verantwortung: eine bewusste Entscheidung, die Mitschuld am Tod des Schäflis durch eine Veränderung des Konsumverhaltens abzulegen, ist nicht nötig. Die Verhaltensänderung tritt von selbst ein. Wenn auch nur in „ein bisschen" anderen Ernährungsmustern. Doch auch am Rande dieser These wird fortlaufend und unter Einbeziehung von Helene betont, wie unwissend P in dieser Hinsicht ist.

4.3.6 Was sagen die leisen Stimmen?

Es gibt durchaus einige Wissenschaftler, die sich mit dem „meat paradox", also dem Widerspruch zwischen unserem Mitgefühl für Tiere und unserer Sympathie für Fleisch, aus sozialpsychologischer oder soziologischer Sicht beschäftigen. Natürlich ist unter Wissenschaftlern der Glaube an Rationalität stark ausgeprägt, und so suchen sie nach vernünftigen Auflösungen dessen, was sie meist als kognitive

Dissonanz beschreiben. So hat die amerikanische Psychologin Melanie Joy den Karnismus als Ideologie formuliert, die den Verzehr von Fleisch als vertretbar erscheinen lässt. Dabei geht es Joy keineswegs darum, gute Gründe für den Fleischkonsum an den Konsumenten zu bringen, sondern die These aufzustellen, dass es ein ethisches Gerüst braucht, um Fleisch verzehren zu können.

Hank Rothgerber, ein rotbärtiger Psychologe aus Kentucky, ist ein weiteres gutes Beispiel für die Suche nach rationalen Erklärungen für den Fleischkonsum. In einem Artikel für die renommierte Zeitschrift „Appetite" entwarf er ein breites Spektrum an Gründen, wie man als fleischessender Konsument das „meat paradox" auflösen könne. Dies reichte von der Zuschreibung schlechter Charaktereigenschaften der Tiere bis hin zur Schuldzuweisungen an Regierungen, die nicht für artgerecht erzeugtes Fleisch sorgen würden.

Doch während Hank Rothgerbers Ausflüchte klug gedacht sind, hatten Helenes Gesprächspartner keine davon nötig, ebensowenig wie das letztendlich fiktive Ideologiegebäude des Karnismus nach Melanie Joy. Obwohl sich die fünf Fälle fundamental voneinander unterschieden, versuchte niemand, seinem Fleischkonsum eine rationale Erklärung zu geben. Die Tatsache, dass der Verzehr von Fleisch schon immer in die menschliche Kultur gehörte, scheint eine unwahrscheinliche normative Kraft auszuüben. Man muss nicht so weit gehen wie T und behaupten, es gehöre sich, Fleisch zu essen. Es reicht, auf den damit verbundenen Genuss oder auf die individuelle Freiheit hinzuweisen. Oder man gibt sich agnostisch, weiss auch nicht, und isst das Fleisch, ohne irgendeinen Grund dafür zu haben.

Die Transformation hin zu einer postletalen Landwirtschaft wird nicht leicht sein. Aber sie kann erleichtert werden, wenn die damit verbundenen individuellen Einschränkungen weniger gravierend ausfallen. Zum Beispiel durch die Verfügbarkeit hochwertiger Substitute für tierische Produkte?

4.4   Der Siegeszug der Substitute

Der Versuch, aus Pflanzen Nahrungsmittel zu gestalten, die wie tierische Nahrungsmittel schmecken, ist nicht gänzlich neu. Buddhisten kennen die Praxis, aus Getreide Gluten zu extrahieren und daraus Fleischersatz herzustellen, bereits seit vielen Jahrhunderten. Mandelmilch wurde in Europa im 13. Jahrhundert eingeführt, als Ersatz für Kuhmilch während der Fastenzeit. Und Henry Ford, der Anfang des 20. Jahrhunderts in der Autoproduktion erfolgreich war, vertrat die These, die Industrie könne aus pflanzlichen Lebensmitteln bessere und sauberere Milch herstellen als der tierische Organismus. Und doch waren die resultierenden Produkte immer von einer Konsistenz, die in den Augen von Fleischliebhabern jeglicher Attraktivität entbehrte. Das hat sich erst geändert, seit kommerzielle Unternehmen mit höchst anspruchsvollen Technologien den veganen Markt als Zukunftsmarkt für sich entdeckten.

In Kap. 3 wurde behauptet, dass wir im Kampf für Tierrechte bislang an einem Punkt sind, wo sich die Kräfte für den Erhalt des Status Quo noch nicht wirklich artikulieren, weil ihre Position noch nicht ausreichend unter Druck steht. Um wieder die Parallele zur Sklavenhaltung zu bemühen: wir stehen noch eher im Jahr 1790 als im Jahr 1850. Einen Vorgeschmack auf das, was noch kommen könnte, bietet immerhin das Center for Organizational Research and Education in Washington DC, das bis vor kurzem noch Center for Consumer Freedom und noch früher

Guest Choice Network hiess. Als letzteres kämpfte es mit einer sechsstelligen Spende des Zigarettenherstellers Philipp Morris um die Jahrtausendwende gegen Rauchverbote in Gaststätten. Seitdem dieser Kampf mehr oder weniger verloren ist, engagiert sich das Zentrum gegen Fleischersatzprodukte. Zum Beispiel mit einem unterhaltsamen Youtube-Video, in dem Kinder daran scheitern, die komplexen Inhaltsstoffe von Fleischersatzprodukten wie Methylzellulose oder Propylenglycol zu buchstabieren.

Impossible Foods, einer der amerikanischen Innovateure auf dem Gebiet der Fleischersatzprodukte, antwortete darauf mit einem Gegenvideo. Hier buchstabieren die Kinder erfolgreich „Poop", Scheisse, um dann darauf hingewiesen zu werden, dass eben jenes Material regelmässig in Hackfleischproben nachgewiesen werden kann, zusammen mit Glycerid-3-Phosphatdehydrogenase,   Carbonanhydrase oder Triosephosphatisomerase.

Impossible Foods und Beyond Meat haben sich zu den beiden Marktführern auf dem Gebiet der Fleischersatzprodukte entwickelt, wobei Impossible Foods, das 2011 gegründet wurde, sich zunächst in Zusammenarbeit mit Spitzenköchen auf das Hochpreissegment fokussierte, bevor es in einer Zusammenarbeit mit Burger King 2018 den veganen Impossible Burger auf den Markt brachte. Der Marktführer Beyond Meat, der schon zwei Jahre älter ist, bediente mit seinem ersten Produkt pflanzlicher „Hühnerstreifen" eher das mittlere Preissegment. Mittlerweile werden die Produkte der Firma in 80 Ländern vertrieben Der Umsatz von Beyond Meat erreichte 2020 407 Millionen Dollar, ein Plus gegenüber 2019 von 36 Prozent.

Aber auch traditionellere Firmen konnten sich mit dem Markt für Fleischersatzprodukte durchaus anfreunden. So etwa die FREDAG AG, die 1986 im luzernischen Root zum Vertrieb von Hühnerfleischprodukten gegründet wurde. Zu den beiden einschneidendsten Ereignissen in der Firmengeschichte gehören die Diversifikation in die veganen Marken VegiFit und Quorn im Jahr 1995, die nach und nach zum bedeutendsten Produktionszweig wurden, und zur Eingliederung in die Holding Orior, einem milliardenschweren Nahrungsmittelkonzern, im Jahr 2000. Hier haben wir also das Beispiel einer Firma, die aus der Mitte der Ernährungsindustrie stammt, in Fleischersatzprodukte investierte. 2020 war übrigens das erste Jahr, in denen die Firma Rügenwalder Mühle, ein traditioneller Fleischwarenhersteller aus dem Oldenburgischen, mehr vegetarische Ersatzprodukte als Fleischprodukte verkaufte.

Selbst der traditionelle „bad guy" in der Welt der Ernährungsindustrie, der Schweizer Konzern Nestle, führte 2017 eine Studie durch, nach der 30 Prozent der Konsumenten an einem Umstieg auf vegane Ernährung interessiert waren – und stieg daraufhin selbst in diesen Markt ein. Ihrer Website sieht man an, wie glücklich die PR-Manager der Firma sind, einmal auf der „richtigen" Seite stehen zu dürfen. Und auf die bedeutende Rolle tierischer Lebensmittel für den Klimawandel hinweisen zu können, bevor sie ihre veganen Neuschöpfungen vom Fischersatz bis hin zum veganen Kitkat anpreisen.

Doch auch unter den europäischen Anbietern pflanzlicher Alternativen gibt es eine ganze Reihe von Startups. Fairfood Freiburg ist ein Beispiel dafür. 2014 für den Vertrieb im globalen Süden erzeugter Nüsse in Deutschland gegründet, wurde mittlerweile ein Pulver entwickelt, mit dem Hafermilch angerührt werden kann. Während viele andere Hafermilchproduzenten ihrem Produkt Zucker zufügen, enthält das Freiburger „Haferdrinkpulver" nichts ausser fermentiertem Hafer vom Bodensee.

Das Beispiel des Milchersatzes zeigt aber auch, dass nicht alle pflanzlichen Substitute automatisch einen ökologischen

Heiligenschein tragen. Mandelmilch beispielsweise, deren Rohprodukte meist im dürregeplagten Kalifornien hergestellt werden, verbraucht in der Herstellung etwa 17-mal so viel Wasser wie Kuhmilch. Aber sowohl Hafer- als auch Sojamilch haben in allen Parametern eine bessere Ökobilanz als Kuhmilch. Treibhausgase werden bei Sojamilch 76 Prozent weniger, bei Hafermilch immerhin 69 Prozent weniger emittiert als bei Kuhmilch.

Die Marktwirtschaft mag viele Nachteile haben. Ihr Vorteil ist aber definitiv, dass Innovationsgeist eher gefördert als behindert wird. Und so schiessen derzeit neue Ideen zum Ersatz tierischer Produkte aus dem Boden: während die Firma Atlast in New York unlängst ihren Speck-Ersatz auf Pilzbasis auf den Markt gebracht hat, gibt es jetzt in der Schweiz das erste gekochte Ei zu kaufen, das aus zwei verschiedenen Sojaprodukten hergestellt wurde.

Alle Produkte, die hier verwendet werden, um tierische Lebensmittel zu imitieren und unseren Appetit in pflanzliche Richtung umzulenken, sind hochverarbeitet. Das löst wiederholt Skepsis aus, was die Journalistin Larissa Zimberoff zu ihrem Buch „Technically Food" geführt hat. Nach ihren Recherchen bei den „Foodies" von Silicon Valley kommt sie zum Schluss, dass es bei den hochverarbeiteten Fleischersatzprodukten sehr ähnlich ist wie bei anderen hochverarbeiteten Produkten von Schokoriegeln bis zu Kartoffelchips: sie können ohne gesundheitlichen Schaden Bestandteil unserer Ernährung werden, sollten aber nicht frisches Obst und Gemüse verdrängen. Sie sind aber ohnehin nur dazu gedacht, Fleisch zu ersetzen.

Oft sind Fleischersatzprodukte heute noch teurer als Fleisch selbst, und so könnte man auf die Idee kommen, die veganen Alternativen seien ohnehin nur etwas für Besserverdienende. Doch diese Sicht vernachlässigt, dass derzeit noch die Entwicklungskosten mit den Preisen amortisiert werden müssen. Die Rohstoffkosten eines Sojaburgers liegen weit unter jenen des Rinderburgers.

Vielleicht sind aber alle diese Ersatzprodukte auch nur eine Zwischenlösung, und all jene, die gerade ihre Beefburger gegen Vegiburger austauschen, werden einige Jahre später ihre Vegiburger wieder gegen Beefburger zurücktauschen, diesmal aber auf der Basis von Laborfleisch. Eine Idee, die heute die Mehrheit der Menschen ekelhaft findet, gegen die aber objektiv nicht viel spricht: Zellen können sich auch ausserhalb von lebenden Organismen vermehren, und auf der Grundlage dieser Möglichkeit lassen sich Zellstrukturen herstellen, die dem Fleisch nicht nur ähnlich sind, sondern identisch.

Die Technologie ist nicht neu. Kurz bevor der französische Biologe Alexis Carrel 1912 den Nobelpreis für Biologie erhielt, liess er die Zellen eines Hühnerherzens in einem Labor wachsen. Sie wuchsen dort 30 Jahre lang, aber damals wurde nicht nur keine Notwendigkeit gesehen, damit in die kommerzielle Produktion zu gehen, sondern auch das Produkt war noch recht ungeniessbar. Als der Ersatz für Fleisch aus lebenden Organismen kommen diese Zellkulturen nur dann infrage, wenn unterschiedliche Zellen, Muskeln und Fett, in bestimmten Ordnungsstrukturen erzeugt werden können.

Anders als mit den pflanzenbasierten Produkten ist mit Laborfleisch heute noch kein Geld zu verdienen. Die weltweit etwa 70 Firmen, die heute in der Entwicklung tätig sind, sind auf Geldgeber angewiesen, die an einen späteren Gewinn – oder an die gute Sache – glauben. Wie bei den pflanzenbasierten Gruppen liegt dabei ein geografischer Schwerpunkt in Kalifornien: In Berkeley hat die Firma Upside Food bereits Hähnchenfleisch entwickelt, das gut 1000 Personen schon probieren konnten. Ihr Werk in der Bay Area ist mit grossen Fenstern ausgestattet, damit neugierige

Menschen von der Eleganz des Produktionsprozesses überzeugt werden können. Sie verspricht auf ihrer Website („Coming soon") eine baldige Kommerzialisierung ihres Produktes. Noch nicht ganz so weit ist BlueNalu, die in San Diego Fischgewebe an Gerüsten wachsen lässt, um ihm eine gewisse Form zu geben. Andere Firmen, wie die israelische Aleph Farms, setzen eher auf 3D-Drucker, die aus Rinderzellen Steaks herstellen sollen.

Die kalifornische Firma Eat Just, die 2011 als Hersteller pflanzlicher Ei-Ersatzprodukte gegründet wurde, war 2020 der erste Produzent von Laborfleisch, dessen Produkt lebensmittelrechtlich zugelassen wurde – in Singapur, wo das Fleisch dann auch kurzzeitig auf der Speisekarte eines Restaurants stand. Dass gerade Singapur das erste Land war, das sich um eine lebensmittelrechtliche Zulassung des Laborfleischs bemühte, war dabei kein Zufall. Der Stadtstaat Singapur hat sich nämlich aus Gründen der Ernährungssicherheit das Ziel gesetzt, einen Selbstversorgungsgrad von 30 % zu erreichen. Und das geht sehr viel leichter, wenn es keinen Platz für Rinderwiesen und -weiden braucht, nicht einmal für Ställe, sondern wenn einigermassen grosszügige Labore für die Produktion von Nahrungsmitteln ausreichen.

Die heute exorbitant hohen Herstellungskosten von Laborfleisch, die wahrscheinlich noch lange Zeit nicht so tief fallen werden wie die Kosten für Tierfleisch, sind derzeit nicht der einzige Schönheitsfehler des Produktes. Am besten wachsen die Zellen in den Laboren mit einer Nährlösung aus fötalem Rinderserum, das in Schlachthäusern aus dem Blut schwangerer Kühe gewonnen wird. Das ist natürlich gar nicht postletal. Doch die Suche nach synthetischen Alternativen war bislang noch nicht erfolgreich.

Erweist sich dieses Problem als lösbar, zeichnet sich also ab, dass es in absehbarer Zeit zwei Kategorien von Ersatz-

produkten für tierische Erzeugnisse geben wird: im Hochpreissegment Laborfleisch, während pflanzliche Ersatzprodukte zu einem wahrscheinlich niedrigeren Preis ein
breiteres Spektrum heute tierischer Lebensmittel abdecken
werden. Das Good Food Institute, eine amerikanische
Nichtregierungsorganisa-tion, die sich die Koordination
der Entwicklung von Ersatzprodukten für Fleisch, Milch
und Eier zum Ziel gesetzt hat, prognostiziert, dass vegane
Substitute bis 2040 20 Prozent des globalen Fleischmarktes
besetzen, Laborfleisch aber 40 Prozent.

Das Institut geht also davon aus, dass die Verbraucher,
die Laborfleisch heute mehrheitlich ekelhaft finden, sich an
die Idee gewöhnen. In dieser Welt, die das Good Food Institute zeichnet, ist jedoch zu hinterfragen, was mit jenen
40 Prozent der Verbraucher wird, die laut dem Institut weiter Fleisch von Tieren essen werden. Es ist zu vermuten,
dass dieses Segment des Fleischmarktes dann den grössten
ökologischen Fussabdruck verursachen wird. Ein gewisser
moralischer Druck auf dieses Konsumentensegment könnte
aber auch dann entstehen, wenn man als Gesellschaft die
Tötung der Tiere (vielleicht sagt man bis dahin auch: das
Ermorden) nicht mehr länger einfach nur hinneh-
men möchte.

Sollte das Good Food Institute mit seiner Prognose
Recht haben, wäre es in demokratischen Systemen durchaus denkbar, dass eine Mehrheit entscheidet, dass das Töten
von Tieren für Nahrungszwecke nicht mehr länger toleriert
werden kann. Was dann?

Welchen Schaden hätten jene 40 Prozent der Verbraucher, die nach wie vor gerne am Verzehr von Tierfleisch
festgehalten hätten? Wenn man davon ausgeht, dass der
technische Fortschritt bis dahin zu vergleichbaren Preis-
strukturen und auch zu identischer Produktqualität führt,
kann es eigentlich nur zwei Gründe geben, dem Verzehr

von Tier-Fleisch nachzutrauern, nämlich Tradition und Sadismus. Von der Tradition aber wissen wir, dass sie wandelbar ist. Kutschen, Dampfmaschinen und Walkmen kamen in unsere Gesellschaft, verschwanden aber auch wieder aus ihr. Und dass wir wir unsere Macht, Tieren Leid zuzufügen, geniessen, sollten wir bei einem halbwegs optimistischen Menschenbild ausschliessen können. Und so. gibt es bei gleicher Qualität und gleichen Preisen keinen Grund, Tierfleisch Laborfleisch vorzuziehen.

4.5   Und dann noch: der Tabak

Die Sklavenhaltung taugt, wie gezeigt werden konnte, dort als nützliche Analogie zur Tierhaltung, wo es um die Angebotsseite geht. Auf der Nachfrageseite sind, wie ebenfalls dargestellt wurde, die Analogien aber kaum vorhanden. Auf der einen Seite ging es um kostengünstige Arbeitskräfte für einige Wenige, auf der anderen Seite geht es um die Ernährungsmuster einer Bevölkerungsmehrheit. Inwieweit kann überhaupt sinnvollerweise behauptet werden, dass sich die Konsummuster, die über die Jahrhunderte in vielen Bereichen stabil sind, verschieben lassen?

Hier kann am ehesten vom Tabakkonsum gelernt werden. Rund ein Fünftel der in Deutschland lebenden Menschen sind ehemalige Raucher. Der Zigarettenkonsum hat zwischen 2002 und 2017 um fast die Hälfte abgenommen. Besonders sichtbar ist der Rückgang des Rauchens bei jungen Menschen: Die Zahl der 12- bis 17-jährigen, die ständig oder gelegentlich rauchen, ging in Deutschland von 30 % im Jahr 1979 auf 8 % im Jahr 2015 zurück.

Diese zahlreichen Verhaltensänderungen auf der individuellen Ebene lassen sich nicht auf einen einzelnen politischen Schritt zurückführen. Vielmehr haben hier drei Massnahmenbündel zusammengewirkt:

- Durch eine Serie von Anhebungen der Tabaksteuer Anfang des Jahrtausends sind Zigaretten spürbar teurer geworden. Je reicher, das Land, in dem eine solche Mass-
nahme greift, desto bescheidener die Wirkung: Nach
wissenschaftlichen Studien führt eine zehnprozentige
Preiserhöhung in einem durchschnittlichen Entwick-
lungsland zu einem Nachfragerückgang von acht Prozent, in einem Industrieland von vier Produzent. Aber
der Preis von Tabakwaren in Deutschland erhöhte sich
zwischen 1960 und 2021 um das Fünffache.

- Neben dem Preiseffekt griff aber auch eine gezielte
Steuerung der Informationen durch die Regierung. Auf
der einen Seite wurde Tabakwerbung an den meisten
Orten verboten. Und auf der anderen Seite wurden
zahlreiche Orte, von Klassenzimmern bis hin zu
Zigarettenpackungen, genutzt, um wiederholt und
vehement auf die gesundheitlichen Gefahren des Rauchens hinzuweisen.

- Schliesslich gilt an immer mehr Orten ein Rauchverbot.
Seit Irland 2004 ein restriktives Rauchverbot in allen
Restaurants und Bars einführte, sind die meisten Länder
nachgezogen. Heute gilt in vielen Ländern auch in öf-
fentlichen Gebäuden ein Rauchverbot.

Andererseits muss auch konzediert werden, dass es, ähnlich
wie bei der Tierproduktion, weltweit kein Land gibt, in
dem Rauchen verboten ist. Oft ist die Abgabe bis zu einem
gewissen Alter verboten, und Neuseelands Regierung lieb-
äugelt derzeit damit, dieses Alter auf 25 Jahre anzuheben.
Aber letztendlich besteht ein weltweiter Konsens, dass jeder
erwachsene Mensch selbst die endgültige Entscheidung
über den Konsum (oder Nichtkonsum) von Zigaretten fällen muss.

Das sagt uns dann doch nicht sehr viel, um über die Aussicht einer gänzlich postletalen Landwirtschaft urteilen zu können. Denn die gesundheitlichen Folgen des Rauchens mögen noch etwas deutlicher sein als die des Fleischkonsums. Aber schon ökologisch sind die Folgen des Tabakkonsums eher vernachlässigbar. Und ethisch ist Rauchen wohl auch nur dann ein Problem, wenn Andere mit im Raum sind.

Daher zeigt uns das Beispiel des Tabakkonsums eigentlich nur: Das Problembewusstsein, das in einer Gesellschaft entsteht, hat das Potenzial, die Konsumgewohnheiten innerhalb weniger Jahrzehnte umzukrempeln. Das sollte Mut machen.

5

Wie die postletale Transformation aussehen kann

Mit der Formulierung „Der schlechten Prognose den Vorrang zu geben gegenüber der guten, ist verantwortungsbewusstes Handeln im Hinblick auf zukünftige Generationen" führte der Philosoph Hans Jonas das Vorsorgeprinzip ein. Seine „schlechten Prognosen" bezogen sich dabei auf mögliche ökologische Schäden moderner Technologien. Die in den vorangegangenen Kapiteln skizzierten Überlegungen zeigen jedoch: die schlechte Prognose im Falle der Tierhaltung wäre ein weiter so. Eine fortgesetzte Schizophrenie zwischen unserer Liebe zu Tieren und unserem Töten derselben. Während eine positive Prognose das Entstehen neuer Agrar- und Ernährungssysteme beinhalten würde, bei denen die schwerwiegendsten Widersprüche im Umgang mit Tieren aufgelöst werden könnten.

In unserem Kontext kehrt sich das Vorsorgeprinzip daher um: Lösungen sind hier nicht primär für den Fall zu erarbeiten, dass es sich zum Schlechten wendet, sondern dass es sich zum Guten wendet. Wenn ein gesellschaftlicher

S. Mann, *Postletale Landwirtschaft*,
https://doi.org/10.1007/978-3-658-37967-4_5

Konsens entsteht, dass unser Appetit auf Fleisch, Milch und Eier nicht zur Legitimation ausreicht, um Tiere zu töten, dann wäre zu gewährleisten, dass die Entscheidungsträger in der Agrarpolitik und in der Produktion auf entsprechende Systeme zurückgreifen können. Über die wir bislang wenig wissen. Dieses wenige soll im folgenden Kapitel aufgegriffen, weiterentwickelt und zur Diskussion gestellt werden.

Der epistemologische Grundsatz dabei soll sein, dass wir uns unsere Gesellschaft so gestalten, wie wir sie brauchen. Diese Schule des Denkens wurde von liberalen Politikwissenschaftlern wie Friedrich Hayek und Michael Polanyi Mitte des 20. Jahrhunderts entworfen und stellt die Vorzüge partizipativer gesellschaftlicher Prozesse in den Mittelpunkt, die ungewünschte Entwicklungen rasch erkennen und ihnen entgegensteuern. In einer LinkedIn-Diskussion zu veganer Landwirtschaft wurde unlängst behauptet, vegane Landwirtschaft würde zu industrieartigen Monokulturen führen. Wahrscheinlich wäre das wirklich eine der Optionen für eine postletale Landwirtschaft. Wichtig ist aber: es gibt deutlich mehr als nur eine technische Lösung für postletale Agrarproduktion. Und wenn es Menschen gibt, die industrieartige Monokulturen ablehnen, dann wird es auch Produktionssysteme geben, die diverser funktionieren.

5.1 Wie geht vegane Landwirtschaft?

Im sozialistischen Osteuropa wurde explizit versucht, die Landwirtschaft nach dem Vorbild der Industrie möglichst arbeitsteilig aufzubauen. In diesem Zusammenhang wurden Tier- und Pflanzenproduktion weitgehend voneinander getrennt (was zu der oben erwähnten These beigetragen haben mag, eine rein pflanzliche Landwirtschaft sei notwendigerweise industriell organisiert). Aufgrund der vielen Wechselwirkungen zwischen den beiden Systemen wurde dieser Versuch an der Basis aber immer als gescheitert wahrgenommen – wie so vieles im Sozialismus. Ist es damit nicht von vornherein ausgeschlossen, dass pflanzliche Produktion und tierische Produktion nicht nur getrennt werden, sondern dass eines der beiden Elemente eliminiert wird? Dass Ackerbau weiterhin organisiert werden kann, wenn nicht beispielsweise Nährstoffe aus der Tierhaltung zugeführt werden?

Über diese Frage haben sich seit über 100 Jahren immer wieder Menschen Gedanken gemacht, wenn auch nicht im Sinne einer flächendeckenden Lösung, sondern als Nischenlösung für eine selbstgewählte Lebensweise. Das trifft gerade auch auf Deutschland zu, aus dem viele der Impulse für tierfreie Lösungen in der Landwirtschaft kamen und kommen. In den 1920er-Jahren, in denen ja in Deutschland an vielen Orten und in vielen Varianten experimentiert wurde, wurde durch eine Gruppe von Vegetariern der „natürliche Landbau" ausgerufen und die Zeitschrift „Bebauet die Erde" gegründet. Hier lag allerdings noch kein Konsens vor, dass Landwirtschaft ohne Tiere funktionieren sollte, sondern auch ein Landbausystem mit nur wenigen Tieren hatte in dieser Bewegung Befürworter.

Die erste exponiertere Figur auf der Suche nach Produktionssystemen ohne Tiere war der Gärtner Adolf Hoops (1932–1999), der nach dem zweiten Weltkrieg in der Lüneburger Heide einen Betrieb führte, der ohne tierische Düngemittel auskam, indem er die Nährstoffversorgung über Komposte organisierte. Die Idee, die Nährstoffversorgung des Ackerbaus weder über tierische Exkremente, noch über Mineraldünger zu gewährleisten, sondern die Aufbereitung pflanzlicher Rückstände im Kompost in den Mittelpunkt der Aufmerksamkeit zu rücken, wurde als „Kreislauf der lebenden Substanz" auch theoretisch gründlich aufgearbeitet und fand in der vegetarischen und später veganen Szene viel Anklang. So wurde 2016 schliesslich der Förderkreis biozyklisch-veganer Anbau als eingetragener Verein gegründet. Zuvor waren ähnliche Vereinigungen bereits in Grossbritannien und Österreich entstanden. Die meisten praktischen Erfahrungen lagen zu diesem Zeitpunkt aber schon in Griechenland und Zypern mit der biozyklisch-veganen Anbauweise vor, wo Tier- und Pflanzenproduktion immer schon etwas separater voneinander durchgeführt wurden als andernorts.

2017 wurden die biozyklisch-veganen Produktionsrichtlinien international definiert. Neben der erwähnten Nutzung ausgereifter Komposte ist dabei auch ein Mindestmass an Artenvielfalt nachzuweisen, indem aus dem sogenannten biozyklischen Operationsindex mindestens sechs von zehn Punkte erfüllt sein müssen. Im Wesentlichen wird dies erreicht, indem Lagen mit hoher natürlicher Artenvielfalt nicht oder nur äusserst extensiv bewirtschaftet werden. Bereits im Februar 2018 wurde dieser biozyklisch-vegane Standard als einer von drei globalen Bio-Standards durch die internationale Vereinigung des Bio-Landbaus IFOAM anerkannt. Auch erste wissenschaftliche Feldversuche deuten darauf hin, dass das auf Kompost beruhende Produktionssystem für Bio-Massstäbe gute Erträge generieren können.

So zeigt uns der Bio-Landbau in der Tendenz bereits, dass Pflanzenproduktion auch dann als System funktionieren kann, wenn die landwirtschaftlichen Nutztiere nichts dazu beitragen. Positiv hervorzuheben ist dabei, dass nur ein Agrarsystem ohne Pflanzenschutzmittel wirklich postletal ist. Der Einsatz eines Insektizids tötet auf einem Hektar Ackerland wahrscheinlich mehr Individuen als ein durchschnittliches Schlachthaus an einem Tag. Gelänge es also im Biolandbau, auch auf „natürliche" Pflanzenschutzmittel auf Kupfer- oder Schwefelbasis zu verzichten (die auch in den Richtlinien des biozyklisch-veganen Landbaus zugelassen sind), dann bestünde hier ein echter Vorzug gegenüber konventionellem Pflanzenbau.

Allerdings sind an dieser Stelle zwei kritische Anmerkungen zu machen: erstens sollte berücksichtigt werden, dass ein Kreislauf, in dem zwar Ernterückstände und Abfälle in den Pflanzenbau zurückgeführt werden, die Nahrungsmittel aber stetig abgeführt werden, nicht geschlossen ist, solange nicht Nährstoffe an anderer Stelle zugeführt werden (wie das davor mit Gülle und Mist der Fall war). Der Beleg, dass diese Anbausysteme trotz des Nettoverlustes auch langfristig leistungsfähig sind, steht noch aus. Und zweitens ist es, wenn man eine globale Transformation vor Augen hat, wahrscheinlich kurzsichtig, sich ganz auf ein landwirtschaftliches Produktionssystem zu fokussieren, das, wie beim Biolandbau der Fall, global von nicht einmal zehn Prozent aller Landwirte genutzt wird. Natürlich sind die ökologischen Vorteile des biologischen Landbaus unbestritten. Aber da pro Flächeneinheit etwa ein Fünftel weniger Ertrag erwirtschaftet wird, führt der Aspekt der Produktivität zahlreiche Landwirte zu der Entscheidung, lieber mit synthetischen Pflanzenschutzmitteln und mineralischen Düngemitteln zu arbeiten.

Und letztere leisten in unserem Agrarsystem ja seit Jahrzehnten einen Beitrag dafür, dass der Nährstoffabfuhr im Zuge der Ernte auch eine Nährstoffzufuhr gegenübersteht. Die damit zusammenhängenden Probleme sind bekannt: Sobald man es mit den Mengen der mineralischen N-, P- und K-Düngung übertreibt, gerade auch zusätzlich zum organischen Dünger aus der Tierhaltung, kommt es zu Auswaschungen ins Grundwasser und Ammoniakemissionen in die Luft, was im heutigen ökonomischen System leider meist nicht in die betrieblichen Entscheidungen einfliesst. Gerade aber, wenn tierischer Dung nicht mehr zur Verfügung steht, wird die potenzielle Bedeutung des Mineraldüngers eher grösser. Dabei muss auch berücksichtigt werden, dass mineralischer Dünger kein vollwertiger Ersatz für organischen Dünger ist. Der Maximalertrag, haben zahlreiche Düngungsversuche gezeigt, lässt sich durch ihre heute übliche Kombination erreichen. Der Verzicht auf tierische Düngemittel führt zu Mindererträgen von etwa zehn Prozent, vor allem aber auch zu einem niedrigeren Humusgehalt im Boden. Solche Böden haben eine hohe Dichte von Bakterien, sonst aber eher wenig lebende Substanz. Für die Lebensmittelproduktion, das haben auch längerfristige Feldversuche gezeigt, sind sie nichtsdestoweniger geeignet.

Besser für die Böden wird es sein, wenn man aber auch in einem postletalen Agrarsystem für die Zufuhr organischer Substanz sorgt. Die Strategie des biozyklisch-veganen Systems, hierfür Komposte heranzuziehen, ist sicher ein grundsätzlich sinnvoller Weg. Es ist auch der direkteste, da hier pflanzliche Abfälle entweder direkt auf dem landwirtschaftlichen Betrieb, oder sonst im Haushalt gesammelt werden. Aber auch in einem postletalen System ist dies weitaus nicht die einzig mögliche Quelle organischer Substanz. Gerade in der Lebensmittelindustrie entstehen an vielen Stellen nutzbare Substanzen. Gewinnt man beispielsweise aus Maniok Stärke, was in der südlichen Hemisphäre eine Standardtechnologie ist, dann fallen pro 100 kg Stärke etwa vier Liter stärkehaltiges Wasser an, das sich hervorragend als Düngemittel eignet.

Ein problematischeres, gleichzeitig aber auch noch relevanteres Thema ist der Klärschlamm. Die schwedischen Ökonomen Jan Petterson und Johan Wikström errechneten, dass jeder Mensch pro Jahr organische Düngemittel im Wert von 50 Euro produziert. Diese Düngemittel geniessen derzeit zurecht einen schlechten Ruf. Denn durch die heutigen Abwassersysteme, in denen weit mehr als nur Exkremente in die Leitungen gespült werden, finden sich im

Klärschlamm oft auch Schwermetalle und vermehrt auch Mikroplastik. Man geht davon aus, dass die Menge an Mikroplastik, die auf diese Weise in landwirtschaftlichen Böden landet, die Menge des in die Weltmeere ausgespülten Plastiks noch übersteigt. Die Schweiz hat aufgrund der nachweisbaren Rückstände im Klärschlamm schon 2006 seine Verwendung als organischer Dünger verboten (während in Deutschland noch knapp die Hälfte des Klärschlamms in die Landwirtschaft fliesst, zum Teil auch vorkompostiert). Und so bräuchte es neben der Transformation des Agrarsystems auch noch eine Transformation unserer Entsorgungssysteme (Stichwort Komposttoilette), damit Klärschlamm aus den menschlichen Exkrementen die Lücke füllen kann, die ein Wegfall tierischer Düngemittel hinterlässt.

Doch die Verfügbarkeit organischer Düngemittel ist nicht die einzige Herausforderung, vor die der Verzicht auf die Haltung landwirtschaftlicher Nutztiere die Landwirtschaft stellt. In den Diskussionen um die Zukunft der Tierproduktion ist regelmässig ein Verweis auf die umfangreichen Graslandflächen zu hören, auf denen ja keine pflanzlichen Lebensmittel erzeugt werden könnten. Und tatsächlich: von den 16,6 Millionen Hektar landwirtschaftlicher Nutzfläche in Deutschland werden 4,9 Millionen Hektar als Grünland genutzt. International dominiert Grünland eindeutig: Von den 5 Milliarden Hektar landwirtschaftlicher Fläche weltweit werden nur 1,4 Milliarden Hektar von Ackerland und weitere 138 Millionen Hektar von Dauerkulturen wie Tee oder Bananen belegt. Den Rest bedeckt Gras! Über ein Viertel der landwirtschaftlichen Fläche wird extrem extensiv durch pastoralistische Systeme genutzt, also durch nomadische Beweidung. Postletal könnte das schwierig werden.

Tatsächlich ist es unwahrscheinlich, dass nomadisch geprägte Agrarsysteme wie in der Mongolei oder Namibia die ersten postletalen werden. Um sich an den Gedanken einer Landwirtschaft ohne Tötungen zu gewöhnen, ist es sicher einfacher, über europäische Bedingungen nachzudenken.

In Deutschland wurden 1991 noch 31,1 Prozent der landwirtschaftlich genutzten Fläche als Grünland genutzt, 2020 waren es noch 28,5 Prozent. Das Delta von 2,6 Prozent Deutschlands landwirtschaftlicher Fläche, das von Grünland zu Ackerland umgewandelt wurde, hat rein gar nichts mit postletalen oder veganen Bestrebungen zu tun, sondern mit dem Gewinnstreben der Landwirte, die sich recht schnell ausrechnen konnten, dass sich auf ihrer Fläche mehr Geld verdienen lässt, wenn man sie mit Ackerkulturen bebaut, statt Kühe darauf weiden zu lassen. Während dieser Grünlandumbruch in der Schweiz kein Thema ist, klagt man dort über das Einwachsen und dann die Verbuschung und die Verwaldung von Alpwiesen und -weiden. Auch dieser Entwicklung liegt nicht der Wunsch nach einer tötungsfreien Landwirtschaft zugrunde, sondern der hohe Arbeitsaufwand der Tierhaltung in der Bergregion, der sich bei sinkenden Mich- und Fleischpreisen nicht mehr rechtfertigen lässt.

Diese beiden Beispiele zeigen, dass die Umnutzung von Grasland in der heutigen Landwirtschaft keine Revolution darstellen würde. Und dass diese Umnutzung in zwei verschiedene Richtungen laufen kann: auf guten, ebenen Böden kann gut Ackerbau betrieben werden, während sich im Berggebiet eher die Bewaldung anbietet.

Die Folgefrage ist natürlich die, wie die Gesellschaft solche Nutzungsänderungen bewertet. Das ist gerade bei der Umwandlung von Grasland zu Wald eine komplexe Angelegenheit. Besonders in der südlichen Hemisphäre wird bei Aufforstung von Grünland oft die zusätzliche Bindung von Kohlendioxid als ökologischer Gewinn betont. Lassen sich die Bäume dann noch kommerziell nutzen, wird zudem noch der entwicklungspolitische Aspekt ins Feld geführt. Die NGO „face the future" etwa verweist auf ihrer Website stolz auf die Aufforstung von 19.000 Hektar Wald in den Ecuadorianischen Anden – die Mehrheit davon auf Grünland. Demgegenüber wird die Verwaldung (die produktive Vorsilbe „Be-" wurde hier durch das destruktive „Ver-" VERdrängt) in europäischen Landschaften wie dem Alpenland durchweg skeptischer aufgenommen. Zwar ist unbestritten, dass die Verbuschung und Verwaldung in den Alpen die natürliche Landschaft (d. h. die Landschaft vor der menschlichen Besiedlung) wiederherstellt, aber die Sorgen gelten der Artenvielfalt. Extensiv genutztes Grünland weist einen hohen Grad an Biodiversität auf. Und insbesondere, wenn die Grünerle bei dem Prozess der Nutzungsaufgabe eine zu prominente Rolle spielen, geht diese Artenvielfalt im Prozess der Verbuschung oft verloren. Zudem weisen Landschaftsforscher darauf hin, dass vor allem mosaikförmige, vielseitige Strukturen als schön empfunden werden. Sodass eine Kombination aus Weiden und Wäldern gegenüber reinen Wald-Landschaften auch ästhetische Vorteile hat.

Das Problem eines Szenarios, in dem Grünland mangels Tieren entweder zu Ackerland oder in Wald umgewandelt wird, ist dessen Radikalität. Gerade in Regionen mit dichter Besiedlung oder einer aktiven touristischen Nutzung braucht es nicht viel Fantasie, um vorauszusehen, dass es laute Stimmen zugunsten des Erhalts von Grünland an bestimmten Standorten geben wird, und sei es nur, um die Skipisten offen zu halten. Doch auch solche Bedürfnisse lassen sich in einer postletalen Landwirtschaft auf unterschiedliche Weise befriedigen.

In solchen Fällen ist die Offenhaltung von Grünland eine Dienstleistung, die entsprechend zu entschädigen ist. Skigebiete sind ein gutes Beispiel, um dies zu veranschaulichen: Die Marktforschungs-Gesellschaft Manova er-

rechnete 2013, dass das österreichische Skigebiet Ski amadé
mit seinen 760 Kilometer Pisten in jeder Saison eine
Bruttowertschöpfung von 547 Millionen Euro erwirtschaftet, pro Pistenkilometer also eine knappe Million!
Würde man also pro Pistenkilometer 10.000 Euro für die
Offenhaltung investieren – und das ist eine Summe, bei der
jeder Landwirt Stielaugen bekäme – lägen wir hier bei
einem guten Prozent der Wertschöpfung. Auch wenn der
Skitourismus wohl nicht das Paradebeispiel für nachhaltige
Bodennutzung ist, zeigt dieses Beispiel doch, dass man
nicht überall auf den (ohnehin eher bescheidenen) Erlös
aus dem Fleisch- und Milchverkauf angewiesen ist, um
Grünland offen zu halten.

Man kann es auch mit den staatlichen Zuschüssen illustrieren, die gezahlt werden, um der Gesellschaft ein gewisses
Mass an Artenvielfalt und mosaikförmige und daher an-
sprechende Landschaftsbilder zu erhalten. Hierfür ist die
zahlungskräftige und bauernfreundliche Schweiz sicher
eines der besten Beispiele: Für die Bewirtschaftung eines
Hektars Grünland in der Bergzone IV (also recht weit oben
in den Bergen) zahlt der Staat einen Basisbeitrag von 1290
Franken (unter dem Label der Versorgungssicherheits- und
Kulturlandschaftsbeiträge). Hinzu können noch 2000
Franken für steile Lagen, 700 Franken für extensive Nutzung und Artenreichtum, 500 Franken für die Einbindung
in ein ökologisches Vernetzungs- und weitere 360 Franken
in ein Landschaftsqualitätsprojekt kommen. Auch diese
knapp 5000 Franken pro Hektar übersteigen natürlich die
Summe, die man gerade in so kargen Lagen durch landwirtschaftliche Produktion verdienen kann.

Hat man sich an den Gedanken gewöhnt, dass Milch-
schafe und Fleischrinder zukünftig vielleicht nicht mehr
der naheliegendste Weg sein werden, die Verbuschung und
Verwaldung von Flächen zu verhindern, die sich nicht für

die Pflanzenproduktion eignen, bleiben zwei andere Strategien übrig. Die erste ist: Man kann die Schafe und Rinder von ihren produktionsorientierten Attributen befreien. Dann weiden auf den Flächen zwar nach wie vor Tiere, aber eben ohne tödliche Hintergedanken. Natürlich muss sich das Herdenmanagement in solchen Fällen den neuen Maximen anpassen. Da keine Tiere mehr aktiv aus dem Bestand entnommen werden, können auch weniger hinzukommen. Das System verträgt also weniger Geburten junger Tiere, und es ist ökonomisch vorteilhafter, eher weniger als mehr Tiere auf der Fläche zu halten, das aber über eine möglichst ausgedehnte Vegetationsperiode. Denn für die Wintermonate, wenn gerade in den genannten Berglagen nichts mehr wächst, müssen die Tiere ernährt werden. Diese Periode würde man möglichst kurzhalten, wenn es nicht mehr um Tageszunahmen oder Milchleistung ginge, sondern um eine suffiziente Lebensweise. Mit anderen Worten: Viele Parameter ändern sich, wenn man den Tieren keine Leistung abverlangt, um sie dann in jungen Jahren ins Schlachthaus zu schicken, sondern wenn man ihnen ein möglichst selbstbestimmtes Leben bis zu ihrem natürlichen Tod ermöglicht.

In einem solchen System, das Tiere ausschliesslich für die Offenhaltung von Flächen einsetzt, sind zahlreiche Fragen noch offen, da es sich um neue und unerforschte Abläufe handelt. Wahrscheinlich ist es zweckmässig, hier eine Form der Geburtenkontrolle einzuführen, auch wenn es unter den hier angenommenen Prämissen ein Tabu sein dürfte, männliche Tiere auszusortieren und ins Schlachthaus zu schicken. Die Befruchtung mit gesextem Sperma wäre eine technische Möglichkeit, die Sterilisation von Tieren eine andere. Gesellschaftliche Aushandlungsprozesse, welche Praktiken ethisch vertretbar sind, werden die Entwicklung eines solchen veganen Produktionssystem sicher ebenso be-

gleiten wie technische Fragen nach notwendigen Futterrationen und einem angemessenen Gesundheitsmanage-
ment. Eine Frage, die heute mangels Notwendigkeit auch
weder technisch noch ethisch beantwortet wurde, ist ausserdem, ob die Tiere nach ihrem natürlichen Ableben noch
kommerziell genutzt werden können und sollen, etwa für
die Produktion von Leder oder von Darmsaiten für Streich-
instrumente.

Die ethische Komponente gestaltet sich weniger proble-
matisch, wenn Menschen statt Tieren dafür sorgen, dass
Grasland erhalten bleibt. Statt dass Tiere die Flächen be-
weiden, schneiden Menschen mit Hilfe von Maschinen das
Gras und kompostieren es. Das Bayerische Landesamt für
Umwelt hat sich mit der Frage auseinandergesetzt, welche
Kosten durch die Offenhaltung von Grasland entstehen
und ist auf Werte zwischen 30 und 150 Euro gekommen,
wenn das gemähte Gras auf den Flächen verbleibt und dort
kompostiert. Möchte man das Schnittgut entfernen, erhöhen sich die Kosten auf 180 Euro pro Hektar. Vergleicht
man diese doch recht bescheidenen Kosten mit entweder
der Wertschöpfung in Skigebieten oder auch den staatlichen Zuschüssen für die Grünlandbewirtschaftung, dann
wird deutlich, dass Grasland auch ohne Tierproduktion
und sogar ohne Tierhaltung eine realistische Option ist.

Das System, in dem Gras ein- oder zweimal im Jahr gemäht wird, ist dem System, in dem Tiere den Job über-
nehmen, sicher aus Ökobilanz-Gesichtspunkten überlegen:
ein paar Litern Benzin stehen sämtlichen Methan- und
Kohlendioxidemissionen der Wiederkäuer gegenüber. Und
hier betreten wir problematisches Neuland: Die bisherigen
Überlegungen sowohl in der gesellschaftlichen Diskussion
als auch in diesem Buch beurteilen die Umweltwirkungen
der Tiere als Lieferanten von Lebensmitteln und kommen
bei dieser Messgrösse zu dem klaren Schluss, dass pflanz-

liche Ernährung umweltverträglicher ist als tierische Ernährung. Das ist unbestritten. Aber die Perspektive ändert
sich, wenn Tiere von Produktionsmitteln zu Subjekten werden. Oder umgekehrt ausgedrückt: Wir alle haben eine mi-
serable Ökobilanz, indem wir atmen und essen, ohne als
Ressource für andere Lebewesen zu dienen. Und trotzdem
kommen wir nicht auf die Idee, die Menschheit abzuschaffen. Und so ist auch die Frage nach der Ökobilanz von
Tieren vielleicht gar nicht mehr angemessen, wenn die
„Aufgabe" der Tiere nicht mehr die Bereitstellung von Res-
sourcen ist, sondern ein Leben in Würde.

Abschliessend noch ein Wort zu Bienen, die bisher in
diesem Buch komplett vernachlässigt wurden. Die Tier-
rechtsorganisation PETA nennt auf ihrer Website zahlreiche
Gründe, weshalb auch die Produktion von Honig unethisch
ist: Bienen erreichen nur einen Bruchteil ihrer natürlichen
Lebenserwartung, bei der Honigproduktion werden sie oft
verletzt oder getötet, beim Einräuchern des Bienenstocks
werden die Tiere bewusst in Panik versetzt, und für ein ge-
sundes Leben benötigen sie den Honig, für den sie hart ge-
arbeitet haben. Und doch ist natürlich auch den Tierrechts-
aktivisten klar: ohne Bienen funktioniert das Ökosystem
nicht. Und so haben wir auch hier einen Bedeutungswandel
der Bienenhaltung. In Kalifornien etwa ist es schon heute
so, dass Bienen vor allem an Landwirte „vermietet" werden,
damit ihre Obstanlagen befruchtet werden. Dort hat sich
die Funktion der Bienen bereits weg vom Honiglieferanten
hin zum Bestäuber entwickelt. Letzteres ist ja auch die
natürliche Funktion der Bienen im Ökosystem. So wird
deutlich, dass Bienen in einer postletalen Landwirtschaft zu
dieser ursprünglichen Funktion zurückkehren würden. Ob
der Mensch dabei dann jeweils eine aktive Rolle spielen
wird, wird wohl von Region zu Region verschieden sein.

5.2 Vegetarische Alternativen

Heute ist die Produktion von Milch und Eiern eng mit der Tötung von Tieren verboten. Das Verbot der Kükentötung, das 2022 in der deutschen Eierproduktion eingeführt wurde, verbot ja nicht das Töten der männlichen Tiere, sondern nur das Töten der männlichen Tiere vor dem Erreichen eines Gewichts von 1300 Gramm. Aber an sich gibt es keine technische Notwendigkeit, dass man Muttertiere, die Milch bzw. Eier geben, eines Tages gewaltsam tötet.

Postletale Landwirtschaft mit Tieren gibt es heute in dieser Form noch nicht. Als Vorläufer gibt es aber immerhin Gnadenhöfe, in Österreich und in der Schweiz je etwa 20, in Deutschland sind es um die 60. Auf Gnadenhöfen leben die Tiere üblicherweise so lange, bis sie ihren Alterstod sterben. Die Einnahmen generieren die meisten Gnadenhöfe über Spenden und Mitgliedsbeiträge. Mit den Produkten der Tiere, also Milch oder Eiern, wird üblicherweise nicht gehandelt. Aber man kann sich ja durchaus auch ein System vorstellen, in dem Tiere wie auf heutigen Gnadenhöfen bis zu ihrem natürlichen Ende leben dürfen, bei denen die Eier und die Milch der weiblichen Tiere aber dennoch gewonnen und kommerziell verwertet werden.

Abb. 5.1 zeigt dabei für Kühe, die bis zu 25 Jahre alt werden können, den Verlauf der Milchleistung in ihren ersten Lebensjahren. Die Milchleistung nach der 7. Laktationsperiode (also etwa dem zehnten Lebensjahr) konnte in der Abbildung nicht gezeigt werden, weil hierzu kaum Erfahrungen vorliegen. Heute werden die meisten Kühe bereits nach der dritten oder vierten Laktation Richtung Schlachthaus gefahren. Nicht – wie die Abbildung zeigt – weil dann die Milchleistung sinken würde, sondern wegen der im Alter steigenden Gesundheitskosten.

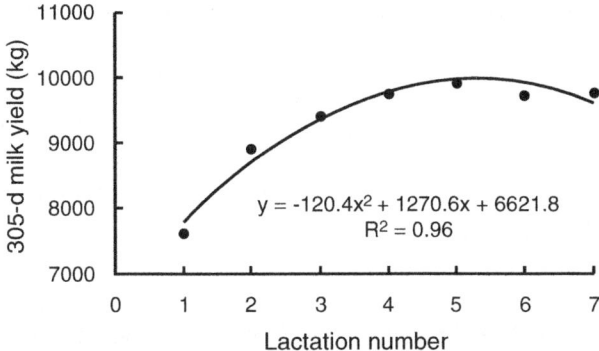

Abb. 5.1 Zusammenhang zwischen dem Alter und der Milchleistung einer Kuh. (Quelle: Mellado, M., E. Antonio-Chirino, C. Meza-Herrera, J.R. Arevalo, J. Mellado, A. de Santiago (2011): Effect of lactation number, year, and season of initiation of lactation on milk yield of cows hormonally induced into lactation and treated with recombinant bovine somatotropin. Journal of Dairy Science 94 (9) 4524–4530)

Klar ist jedoch, dass in einem solchen postletalen Produktionssystem von Milch die Kühe auch eine gewisse Zeit lang „unproduktiv" auf den Weiden grasen würden. Von ihren Brüdern ganz zu schweigen, die zur Milchproduktion nichts beitragen, wohl aber zu Kohlendioxid- und Methanausstoss. Damit würde die Ökobilanz der produzierten Milch sich notwendigerweise gegenüber dem heutigen System verschlechtern. So, wie ja auch die Ökobilanz von uns Menschen mit unserem Ressourcenverbrauch miserabel ist. Hier wird erneut deutlich, dass die Ökobilanzierung (die die Frage nach der Ökobilanz menschlichen Lebens üblicherweise gar nicht stellt) daran krankt, dass sie tierisches Leben nicht als Selbstzweck betrachtet, sondern als Bestandteil eines Produktionsprozesses.

Dass eine postletale Milch- und Eierproduktion möglich ist, bedeutet aber nicht, dass sie auch ethisch vertretbar ist –

eine Frage, die bislang einfach noch nicht wirklich diskutiert wurde. Wahrscheinlich ist dabei zu berücksichtigen, dass man für die Gewinnung von Milch stärker in den Intimbereich des Tieres eingreifen muss als für die Gewinnung von Eiern. Solche Fragen sind spätestens dann vertieft zu verhandeln, sobald die postletale Landwirtschaft in greifbare Nähe gerückt ist.

5.3   Industrielle Fleischproduktion

Es wurde bereits erwähnt, dass die gesellschaftliche Akzeptanz von Laborfleisch heute sehr gering ist. Diese Akzeptanz wird sicher nicht höher, wenn der Verbraucher realisiert, dass diese Fleischproduktion nicht nur ohne jedes Zutun landwirtschaftlicher Betriebe vor sich geht, sondern im Zuge der Marktdurchdringung vom Labor wahrscheinlich irgendwann in Fabriken verlagert werden wird. Sobald das Output chemischer Prozesse zur Produktion von Fleisch nicht mehr in Gramm, sondern in Tonnen gemessen wird, sind industrielle Anlagen üblicherweise der Ort des Geschehens. Die Europäische Kommission arbeitet oft und gerne mit den „Technological Readiness Levels", die die Entwicklung eines Produkts von der Idee bis zur Massenproduktion in neun Stufen beschreibt. Hier findet der Schritt vom Labor in die Fabrik zwischen Schritt 4 und 5 statt.

Warum lässt uns der Ausdruck der „industriellen Fleischproduktion" so einen Schauder über den Rücken laufen? Wahrscheinlich, weil wir damit inhumane Praktiken an Tieren verbinden. Während in der Vergangenheit, etwa in sozialistischen Staaten, die Übertragung industrieller Muster in die Landwirtschaft ein explizites Ziel war, will man heute auf Missstände in der Landwirtschaft aufmerksam

machen, wenn man von industriellen Produktions-
methoden spricht. Gleichzeitig erfreuen sich aber industriell gefertigte Produkte auch aus der Ernährungsindustrie
wie Coca-Cola oder Kartoffelchips oft grösserer Beliebtheit
unter zahlreichen Konsumenten als viele agrarische Rohprodukte.

All das ist Zukunftsmusik, aber doch eine Aussicht, mit
der es sich lohnt, sich allmählich anzufreunden. So, wie sich
viele Menschen an dunklen Limonaden erfreuen, auch
wenn sie frisch aus der Fabrik kommen, gibt es keinen
Grund, warum wir uns eines Tages nicht auch am Steak aus
der Fabrik erfreuen sollten.

Wichtig ist all das, weil es gesellschaftliche Bewegungen
sehr viel leichter haben, wenn sie nicht auf Verzicht setzen.
Es gibt durchaus Menschen, die sich mit dem Verzicht auf
Fleisch, Milch und Eier leichttun. Der Mehrheit aber geht
es anders. Die Abschaffung der Sklaverei rang durchschnittlichen Haushalten eben keine umfangreichen Einschnitte
in ihren Lebensstandard ab. Nach meinen Vorträgen zur
postletalen Landwirtschaft melden sich gerade ältere Menschen oft und sagen „Ich werde mein Ernährungsverhalten
nicht mehr umstellen". Eine postletale Landwirtschaft wird
umso bessere Chancen auf eine rasche Umsetzung haben, je
weniger Einschränkungen sie voraussetzt. Dies ist bei allen
zukunftsgerichteten Schritten eine wichtige Überlegung.

Die postletale Landwirtschaft wird im Verlauf der kommenden Jahrzehnte sicher viel Gegenwind aus den Kreisen
wie der Fleischwirtschaft erhalten. Zu Themen wie der industriellen Fleischproduktion und sogar der pflanzlichen
Fleischersatzprodukte ist aber auch Opposition aus der ent-
gegengesetzten Ecke erwartbar. Der sich sogar schon for-
miert: In der Zeitschrift „Progress in Human Geography"
erschien 2022 ein Artikel dreier britischer Wissenschaftler,
die gegen „Big Veganism" polemisierten. Durch das En-

gagement der grossen Konzerne, vor allem im Bereich der Fleischersatzprodukte, würden lokale Kreisläufe und der Konsum von Rohprodukten nun selbst im veganen Kontext verunmöglicht. Nun ist die Diskussion über die Vor- und Nachteile lokaler Kreisläufe sicher wichtig. Ob sie sich auf Produkte mit klaren ethischen und ökologischen Vorteilen fokussieren sollten, ist aber fraglich.

6

Wie es weitergehen könnte

Eigentlich gibt es recht schlechte Erfahrungen mit der Vorhersehbarkeit von Geschichte. Im 19. Jahrhundert waren sich Karl Marx und Friedrich Engels sehr sicher, der Kapitalismus sei nur ein kurzes Zwischenstadium auf dem historisch notwendigen Weg vom Feudalismus zum Kommunismus. Am Ende war es dann fast umgekehrt: Die osteuropäischen Versuche eines real existierenden Sozialismus waren – ob notwendig oder nicht – ein eher erfolgloses Zwischenstadium vor den Urständen, die die Marktwirtschaft in den Ländern feiern durfte.

Wie falsch ist dann erst die Prognose einer postletalen Landwirtschaft? Immerhin muss man konstatieren, dass drei in den vorangegangenen Kapiteln beschriebene Entwicklungen unübersehbar sind:

- Die ökologischen Probleme, allen voran die Erderwärmung, werden immer breiter wahrgenommen, und noch nie hat eine deutsche Regierung den Klimaschutz

S. Mann, *Postletale Landwirtschaft*, https://doi.org/10.1007/978-3-658-37967-4_6

so sehr ins Zentrum gestellt wie die seit 2021 regierende Ampelkoalition. Gleichzeitig verfestigt sich die Gewissheit, dass die Tierproduktion eines der wesentlichen ökologischen Probleme darstellt. Allein aus diesem Grund wird dem Ziel „weniger Fleisch essen" selten widersprochen.

- Vor allem konnte aber gezeigt werden, dass dem Fleischkonsum seine rationale Grundlage verlorenging. Zumindest in Europa ist die Toleranz Gewalt gegenüber kontinuierlich zurückgegangen. Das lässt sich nicht nur an der Anzahl der Morde ablesen, die in den letzten 30 Jahren in Deutschland etwa um zwei Drittel zurückging. Weder Prügeleien zwischen Kindern noch Kneipenschlägereien, beides früher Normalität, werden heute noch als akzeptabel hingenommen. Auch Gewalt gegenüber Hunden und Katzen gilt zunehmend als Zeichen von Grausamkeit. Dass die massive Gewalt gegenüber Rindern, Schweinen und Hühnern nach wie vor durch viele Menschen toleriert wird, liegt wohl vor allem an der geringen Sichtbarkeit, die diese Vorgänge im professionellen System der Tierproduktion haben, und weniger an fehlender Empathie. Insofern stehen die vernichtenden Urteile der Ethiker gegenüber unserem heutigen Umgang mit landwirtschaftlichen Nutztieren nicht im luftleeren Raum.

- Zudem sinken die Vorzüge des Konsums tierischer Produkte, da Ersatzprodukte auf pflanzlicher oder industrieller Basis mit erstaunlicher Geschwindigkeit weiterentwickelt werden. Auf diese Weise ist es nicht nur immer unerträglicher, die Tötungsmaschinerie für Nutztiere aufrechtzuerhalten, sondern vor allem auch immer unnötiger.

Und doch sind es nie historische Gesetzmässigkeiten, die die Gesellschaft und ihre Regeln verändern, sondern der Wille einer grossen Anzahl von Menschen. Vielleicht irre ich mich, und der Genuss von Steaks und Salami ist eine historische Konstante der kommenden Jahrhunderte. Für Menschen, die das nicht möchten, habe ich abschliessend noch über ein paar Hinweise in Abhängigkeit von ihrem Essverhalten nachgedacht. Denn der Wille des Menschen an sich reicht natürlich noch nicht aus, um Veränderungen herbeizuführen. Es braucht Aktionen – in der Rolle als Konsument ebenso wie in der Rolle als Bürger.

6.1 Tipps für Karnivoren

Es ist gleichgültig, ob Sie Fleisch „wider besseren Wissens" geniessen, oder ob Sie rationale Gründe dafür haben, weiter Fleisch zu essen (etwa, Ihr Genuss von Fleisch gleiche das Leid des geschlachteten Tieres mehr als aus). Ich, der Autor, sitze bislang im gleichen Boot mit Ihnen und würde gerne meine Überlegungen mit Ihnen teilen, wie man die Tötung von Tieren trotz unseres Fleischkonsums verlangsamen kann.

Die oft geäusserte Maxime „wenig Fleisch, aber dafür dann nur richtig gute Teile" läuft nämlich leider genau in die falsche Richtung, zumindest ihr zweiter Teil. Denn in der Fleischwirtschaft wird schon seit einigen Jahrzehnten zum Problem, dass der Käufermarkt die etwas weniger wertvollen Körperteile zunehmend aus den Augen verliert. Man kann aber keine Schweine ohne Leber mästen, ebenso wenig wie Hühner ohne Schenkel.

Am letztgenannten Beispiel lässt sich gut illustrieren, wie das Problem derzeit gelöst wird: Der Durchschnittspreis von Hühnerfleisch von den Niederlanden, wo die meiste mitteleuropäische Ware für den Frachtverkehr eingeschifft wird, nach Grossbritannien betrug 2019 2,75 US-$ pro Kilogramm. Das klingt aus Verbrauchersicht nach nicht sehr viel, aber natürlich möchten auch die britischen Gross- und Einzelhändler noch etwas vom (höheren) Verbraucherpreis abbekommen. Der Durchschnittspreis für ein Kilogramm Hühnerfleisch, das von den Niederlanden nach Ghana verschifft wird, betrug im gleichen Jahr 89 Cent! Dabei handelt es sich fast ausschliesslich um Teile von Hühnern, nicht um ganze Tiere, womit also spätestens der sprichwörtliche Groschen gefallen sein sollte. Weil wir uns in Mitteleuropa mittlerweile auf den Konsum von Hühnerbrüsten fokussiert haben, wird der Rest des Tiers auf eine neue Art entsorgt – durch Export in Länder, in denen sich der Konsument nicht zwischen den einzelnen Teilen des Tiers entscheiden kann!

Es gibt ausreichend Medienartikel, Radio- und Fernsehsendungen über die negativen Auswirkungen dieser Handelsbeziehung auf die Landwirtschaft in den Zielländern, sodass wir uns hier auf die Frage konzentrieren können, was das für unser Verbraucherverhalten heissen sollte. Wenn es weiterhin Fleisch sein soll, also am besten: wenig Fleisch, und dann vor allem die inferioren Teile. Neben den Hähnchenschenkeln sind dies eben auch Innereien oder Suppenfleisch, in manchen Gegenden etwa auch Zunge. Oft lässt sich am Kilopreis schon einigermassen gut ablesen, wie beliebt das jeweilige Körperteil bei der Konsumentenschaft ist. Achtet man auf diesen Aspekt, spart das nicht nur die Transportenergie des Fleischprodukts in andere Länder und schont die dortigen Bauern, sondern man ist auch in geringerem Mass mitverantwortlich für das Töten des Tiers. Denn das findet eben beispielsweise bei Hühnern vor allem mit einem Blick auf ihre Brüste statt.

Intuitiv etwas nahe liegender ist natürlich daneben noch der Aspekt, auf Tierwohlkennzeichnungen zu achten. Manch radikaler Tierrechtler würden hier widersprechen, denn es gibt durchaus auch die Argumentationslinie, dass Tierwohl die Akzeptanz der Tierproduktion nur unnötig verlängert. Diese vielleicht doch eher theoretische Erwägung dürfte die Tiere, die zum Beispiel Zugang zu frischer Luft bekommen, aber wenig stören – vor allem, wenn sie wüssten, dass ihre Befreiung ohnehin nicht unmittelbar bevorsteht. Daher lohnt es sich durchaus, die Klassifikation der Haltungsform in Deutschland sowie die unterschiedlichen Tierwohllabels in Österreich und der Schweiz in die Kaufentscheidung einzubeziehen.

Ein weiterer ebenso wichtiger Tipp ist Neugier. Einen meiner glücklichsten Momente hatte ich, als ich vor einigen Wochen von einer Dame angesprochen wurde: nach meinem Vortrag über postletale Landwirtschaft habe sie das gesamte vegane Sortiment ihres Einkaufsladens durchprobiert, aber nur bei den veganen Nuggets habe sie einen Konsens mit ihrer Familie gefunden. Es wäre ja nachgerade tragisch, wenn die pflanzlichen Alternativen an sich attraktiv wären, aber im Regal schlichtweg unerkannt bleiben. Es scheint zur Marktwirtschaft dazuzugehören, dass dies das Schicksal der meisten Neueinführungen von Lebensmitteln ist. Ich kann gut damit leben, dass es zahlreiche Schokoladen- oder Marmeladensorten gab, die mir zwar gut geschmeckt hätten, die ich aber nie kennen gelernt habe, und die – unter anderem deswegen – längst wieder vom Markt verschwunden sind. Aber bei Fleischersatzprodukten kann ich nicht gut damit leben. Denn damit werden stets Chancen für eine umweltgerechtere und tierfreundlichere Ernährung vertan.

6.2 Tipps für Vegetarier

Denkt man den Verzicht auf Fleisch, der ja meist sehr ehrenwert gedacht ist, systemisch, gelangt man zu bestimmten Problemen, die anhand der Eierproduktion noch ein wenig deutlicher als an der Milchproduktion illustrieren lassen und hier ein weiteres Mal zusammengefasst werden sollen:

In der Eierproduktion haben nur weibliche Tiere einen kommerziellen Wert, denn die männlichen Tiere der klassischen Legerassen verbrauchen, wenn man sie mästet, doppelt so viel Futter wie die Mastrassen für ein Kilogramm Gewichtszunahme und zeichnen sich zudem durch wenig Brustfleisch aus. Deswegen wurden die männlichen Tiere der Legerassen über viele Jahrzehnte direkt nach der Geburt getötet und – zumindest in vielen Fällen – in der Zoo- und Wildtierfütterung eingesetzt. Die deutsche Tierschutzpartei führte 2017 einen Wahlkampf durch, in dem sie das Thema des „Kükenschredderns" in den Mittelpunkt stellte, und immerhin einen Wähleranteil zwischen einem und zwei Prozentpunkten für sich gewann. Auch wenn in deutschen Brütereien heute beteuert wird, man habe Küken nie geschreddert, lediglich mit Kohlendioxid eingeschläfert.

Seit Anfang 2022 ist das Kükentöten in Deutschland verboten, was sich wie ein Meilenstein auf dem Weg zu einer postletalen Landwirtschaft anhört, aber zu zahlreichen Folgeproblemen führt. Grundsätzlich haben sich drei verschiedene Umgangsformen mit dem Verbot etabliert: Bei einem Teil der Eier wird bereits vor dem Schlüpfen diagnostiziert, ob das Küken männlich oder weiblich ist. Dabei wird entweder zwecks Probenentnahme in das Ei hineingestochen, wobei aber zahlreiche Embryonen geschädigt werden, oder das Ei wird durch Durchleuchten analysiert, was aber erst zu einem Zeitpunkt möglich ist, wo der Embryo bereits Schmerz empfindet, wenn er sich als männlich herausstellt und daher dann im Ei vernichtet wird. Diese Diagnose steht zudem nur grossen Firmen offen, die sich die entsprechende Technologie auch leisten können. Auch für Mittelständler prinzipiell tauglich ist dagegen das Verfahren der Bruderhahnaufzucht. Dabei werden auch die männlichen Tiere gefüttert, und zwar bis zu einem Gewicht von 1300 Gramm. Hier ist aber das Problem, dass die Ernährungsindustrie wenig Interesse am Bruderhahnfleisch zeigt. Und so wurden bereits Lieferketten nachverfolgt, bei denen die männlichen Tiere in Polen grossgezogen und in der Ukraine geschlachtet wurden. Ob sie danach auch in Afrika landeten, ist nicht bekannt.

Aufgrund der Schwierigkeiten und vor allem auch der Kosten dieser beiden Lösungen, die ein Legehennen-Küken von 70 Cent auf vier Euro verteuern, ist die dritte und bislang gängigste Lösung, die Küken nach wie vor zu töten, aber eben im Ausland. Der grösste Konzern, der am Brüt-Business beteiligt ist, die EW Group, hat bereits einen umfangreichen Teil der Kükenproduktion aus Deutschland hinausverlagert und beliefert nun vor allem die Legehennenbetriebe, die Verarbeitungseier produzieren, mit Küken, deren Brüder und Cousins bereits im Ausland aus dem Leben befördert wurden. Kleinere Brüter lassen ihre Küken nach wie vor in Deutschland schlüpfen, transportieren ihre männlichen Küken dann aber zu Kollegen ins Ausland, wo ihr Leben dann ebenfalls schnell beendet ist. Und so resultiert das gut gemeinte Gesetz in erster Linie in längeren Tiertransporten.

Oben wurde bereits angedeutet, dass auch die weiblichen Tiere in der Eierbranche ihr natürliches Ende fast nie erleben, sondern schon nach wenigen Monaten getötet und durch Jungtiere ersetzt werden. Und hier entsteht das Problem des Suppenhuhns. Denn auch das will so gar nicht in das Schema „nur wenig Fleisch, aber dann richtig Gutes" passen. Ein Huhn, dass nach einem Legeleben geschlachtet wurde, ist kulinarisch am besten in der Hühnersuppe aufgehoben. Und da die nicht im Premiumsegment der meisten Hobbyköche liegt, gleichzeitig aber recht arbeitsintensiv daherkommt, wurden mit den Jahren immer weniger Suppenhühner nachgefragt. Teilweise wurden die Legehennen am Ende ihrer kommerziell üblichen Phase daher in Biogasanlagen energetisch verwertet, statt sie einer Nutzung in der menschlichen Ernährung zuzuführen.

Lange Rede, kurzer Sinn? Wer Eier isst, sollte zumindest in Erwägung ziehen, ob man sich nicht zumindest gelegentlich eines Suppenhuhns und eines Bruderhahns erbarmt. Ein Tier pro Jahr reicht für einen durchschnittlichen Eierkonsum. Oder sollte aber eben regelmässig prüfen, ob es die veganen Alternativen nicht doch tun: Flüssig-Eiersatz gibt es schon lange, und 2021 hat die Migros das weltweit erste gekochte Ei („The Boiled") auf den Markt gebracht, zusammengesetzt aus Soja, Reis und Weizen. Was sicher einen Versuch wert ist.

6.3   Tipps für Veganer

An dieser Stelle muss ich natürlich zunächst meinen sprichwörtlichen Hut ziehen: Aus Sicht des Klimaschutzes und der Tierethik machen Sie in Ihrer Ernährung deutlich mehr richtig als ich, und für Tipps, welche Ergänzungsstoffe man zu einer veganen Ernährung noch nehmen oder weglassen sollte, bin ich definitiv auch nicht der richtige. Auch ist mir klar, dass meine wiederholten Hinweise auf kommerziell erhältliche Fleischersatzprodukte nicht bei allen Veganern auf Gegenliebe stossen werden. Tatsächlich ist die Zielgruppe von Soja-Burgern und Tofu-Steaks eher der Karnivor, der seine Gewohnheiten ändern möchte. Während jahrelangen Veganern der Geschmack dieser neuen Lebensmittel oft zu nah am Fleisch liegt, das ihnen unangenehm ist.

Von einem Bekannten wurde ich unlängst gefragt, ob es nicht politische Massnahmen dafür brauche, dass in der Region mehr Eiweisspflanzen angebaut werden würden, aus denen dann die – in ihrer Rolle ja wirklich wichtigen – Fleischersatzprodukte hergestellt werden würden. Das ist nicht der Fall. Der Engpass der entsprechenden Produkte, die sich eines guten Marktwachstums erfreuen, ist trotz allem noch die Nachfrage, nicht die Verfügbarkeit von Erbsen, Hafer oder Soja. Insofern kann man die Landwirte in der Region ganz entspannt weiter die Ackerkulturen produzieren lassen, die sie erstens gut produzieren und zweitens gut verkaufen können.

Auch auf der politischen Ebene scheinen Veganer sich ja ausreichend Gehör zu verschaffen. Anders ist der beliebte Veganerwitz nicht zu verstehen, woran man einen Veganer erkenne („Braucht man gar nicht, er sagt es einem nach spätestens fünf Minuten"). Und doch scheint mir auch in diesem Bereich noch am ehesten Handlungsbedarf zu liegen, wenn auch vielleicht eher auf der Makroebene als im zwischenmenschlichen Bereich. Um es ganz konkret zu machen: Veganer können dazu beitragen, dass die Vereinigung „People fort he Ethical Treatment of Animals" (PETA) von weiten Kreisen der Gesellschaft nicht mehr als radikal angesehen wird. Aber hierzu bedarf es doch noch ein paar mehr Worte über diese Organisation:

PETA, die 1980 in den USA gegründet wurden und inzwischen sehr global organisiert ist, vertritt heute in etwa die Position, die die in Kap. 3 erwähnten Ethiker auch vertreten. Vielleicht mit der Ausnahme, dass PETA aus pragmatischen Gründen die Zwangssterilisation von Tieren durchaus befürwortet. Ein wichtigerer Unterschied ist aber, dass PETA, anders als die Philosophen im Elfenbeinturm ihres Studierzimmers, die Auseinandersetzung mit der Öffentlichkeit durchaus sucht. Und dafür regelmässig Prügel kassiert. In Medien wie der Zeit etwa wurde die Organisation unter dem Titel „PETA: die Scheinheiligen" als radikal kritisiert. Ausserdem muss sich PETA regelmässig vor Gericht verantworten, etwa für Vergleiche zwischen dem Holocaust und der Tierproduktion.

Um mich verständlich zu machen, wie mir vorschweben kann, die Positionen von PETA in die Mitte der Gesellschaft zu holen, muss ich ein letztes Mal weiter ausholen und eine historische Parallele bemühen: als in den

1970er-Jahren die grünen Parteien in Mitteleuropa gegründet wurden, befanden sie sich etwa ebenso am Rande der Gesellschaft wie heute PETA. Noch in den 1980er-Jahren forderte das deutsche Bundesinnenministerium regelmässig Berichte des Verfassungsschutzes über linksextremistische Aktivitäten der deutschen Grünen an. Bereits 1998 stiegen diese dann in die Bundesregierung ein, ohne dass sich ihre inhaltlichen Positionen im Vergleich zur Gründungsphase radikal hätten transformieren müssen. Die Idee, Umweltschutz sei eine Kernaufgabe des Staates, war vom Rand in die Mitte der Gesellschaft gewandert.

Die Kernbotschaft von PETA muss aus einer wissenschaftlichen Sicht als antispezietistisch bezeichnet werden. Die Essenz der PETA-Kampagnen lässt sich in der Aussage zusammenfassen, nicht nur die Menschheit, sondern eben auch die Tierheit bestehe aus empfindenden Individuen, und so sei auf Tiere ebenso Rücksicht zu nehmen wie auf Menschen. Das ist eine wichtige Botschaft auf dem Weg zu einer postletalen Gesellschaft.

Natürlich wäre es vermessen, jedem Veganer die Mitgliedschaft bei PETA ans Herz legen zu wollen. Es gibt viele verschiedene Wege, um die Öffentlichkeit für einen humaneren Umgang mit Tieren zu sensibilisieren, auch in Parteien und Tierschutzbünden, natürlich auch ausserhalb von Organisationen. Wichtig scheint mir jedoch zu sein, dass die Entscheidung gegen den Verzehr tierischer Produkte eben nicht notwendigerweise nur eine individuelle Gewissensentscheidung bleiben muss. Es ist durchaus legitim, die für das Selbst gefundenen Grundsätze auch für die Gesellschaft als Ganzes einzufordern. Nur die Verbindung aus Engagement an der Ladentheke und zivilgesellschaftlichem Engagement wird zu den notwendigen Veränderungen führen.

Denn am Ende zählt, dass wir dem fühlenden Leben Respekt zollen. Wozu auch gehört, dass wir das Leben leben lassen.

The manufacturer's authorised representative in the EU is Springer
Nature Customer Service Centre GmbH, Europaplatz 3, 69115 Heidelberg,
Germany. If you have any concerns regarding our products, please
contact ProductSafety@springernature.com

Printed and bound by CPI Group (UK) Ltd, Croydon, CR0 4YY
24/04/2026
02096340-0001